図1
読み聞かせをしてもらっているときの、
子どもの前頭連合野の活動

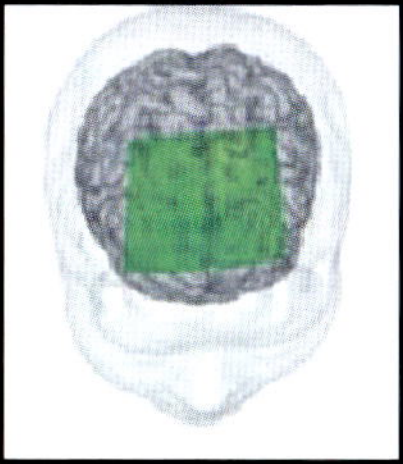

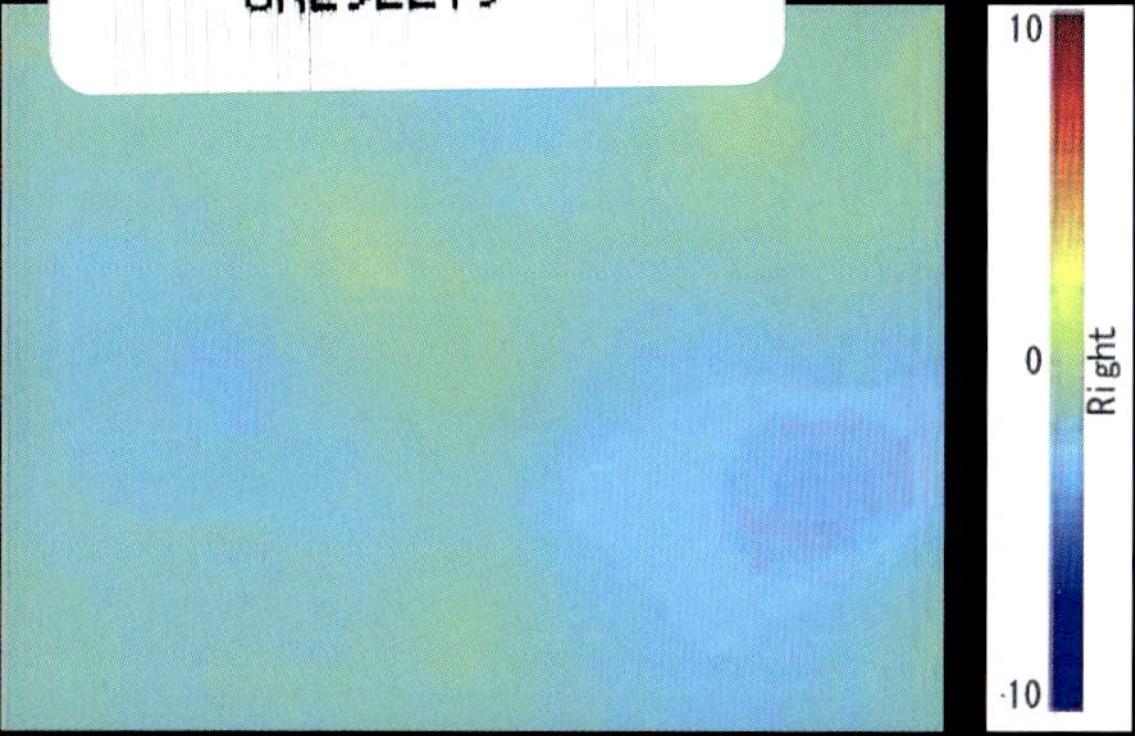

図2
計算をしているときの、子どもの前頭連合野の活動

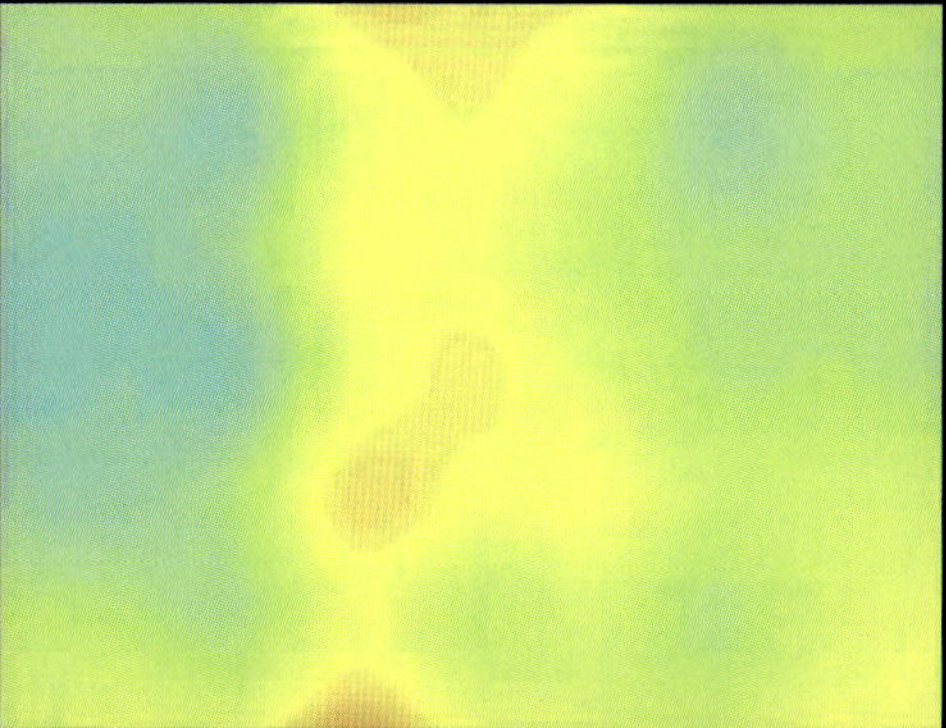

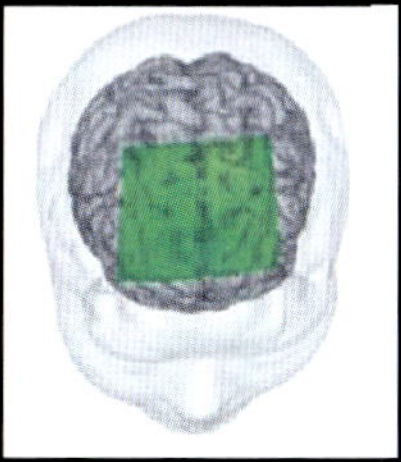

図3
読み聞かせのビデオを見ているとき（下）と、逆回しのビデオを見ているときの、子どもの脳の活動

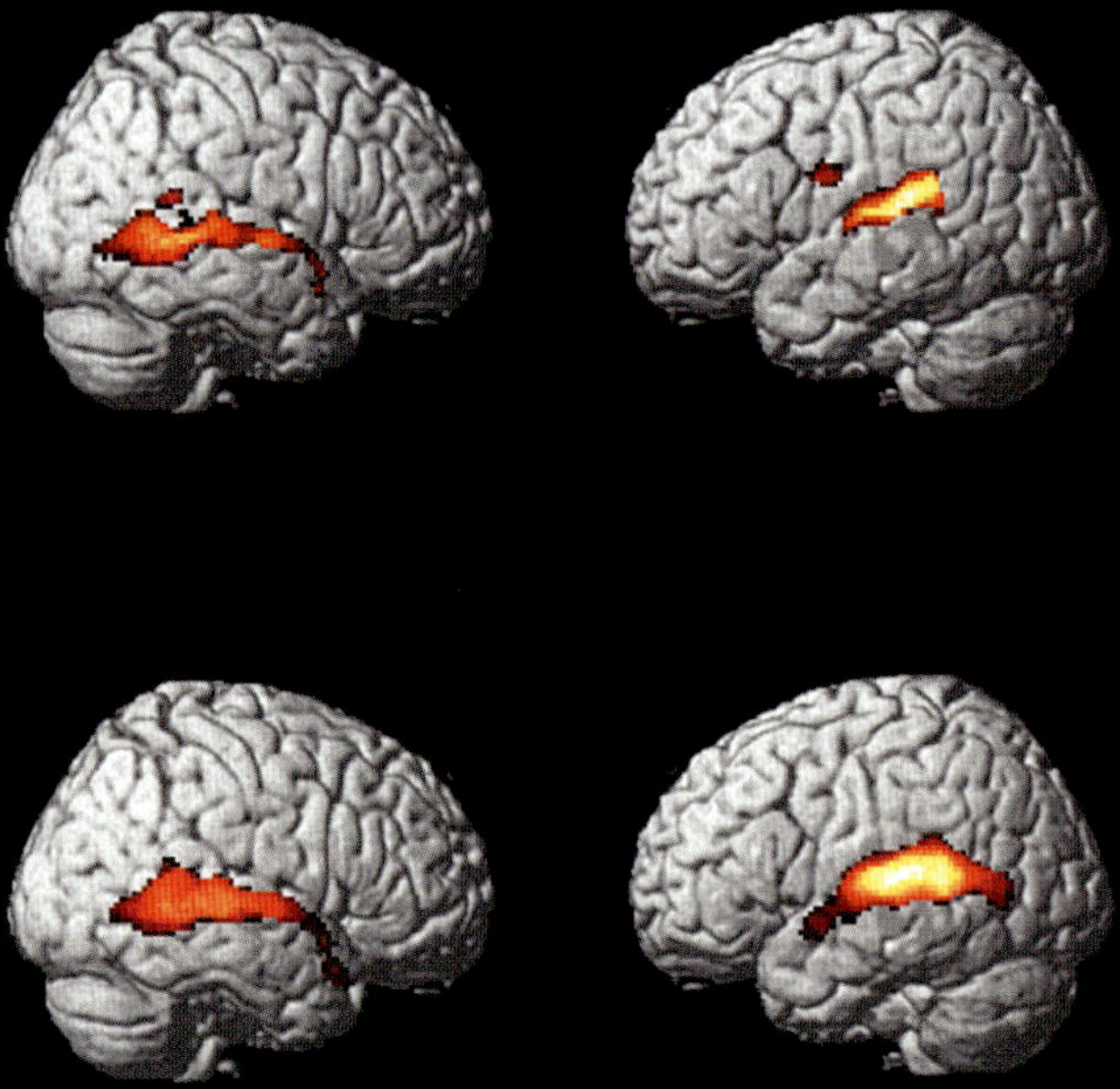

右側の脳　　　　左側の脳

図4
たんなる音読（左）と、わが子に読み聞かせをしているときの母親の前頭連合野の活動

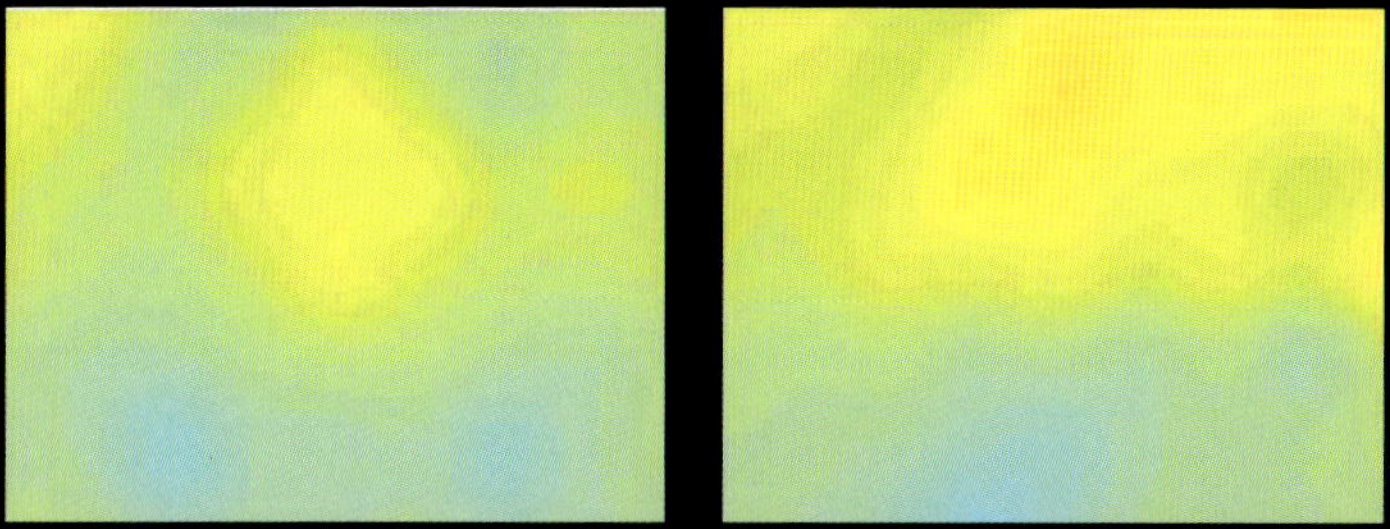

図5
読み聞かせをされたことで活動した大脳辺縁系の一部（赤い線で囲った部分。心の脳）

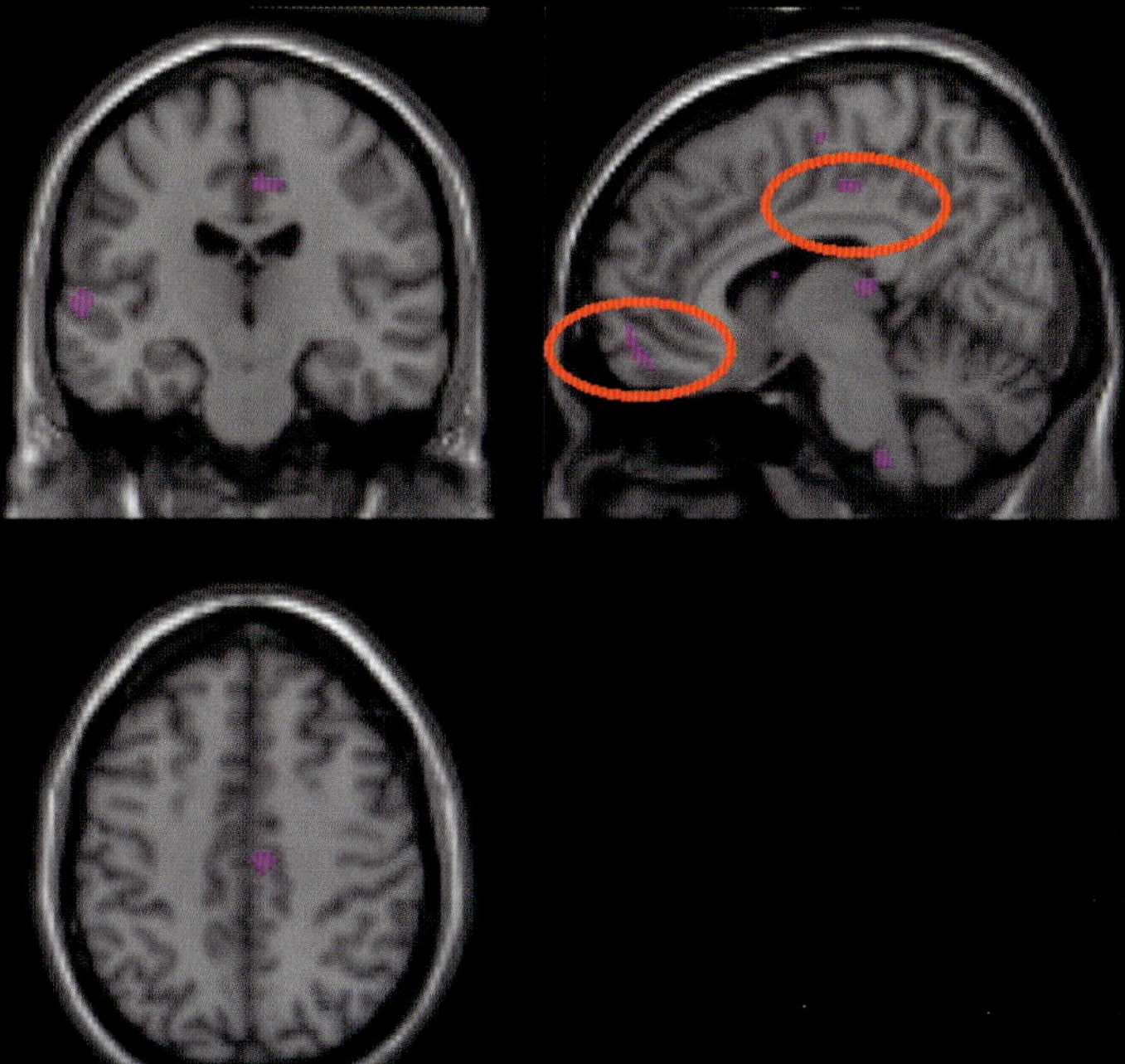

図6
生後五日目までの赤ちゃんが母国語を聞いたときの脳の活動（Copyright 2009-National Academy of Sciences, U.S.A.）

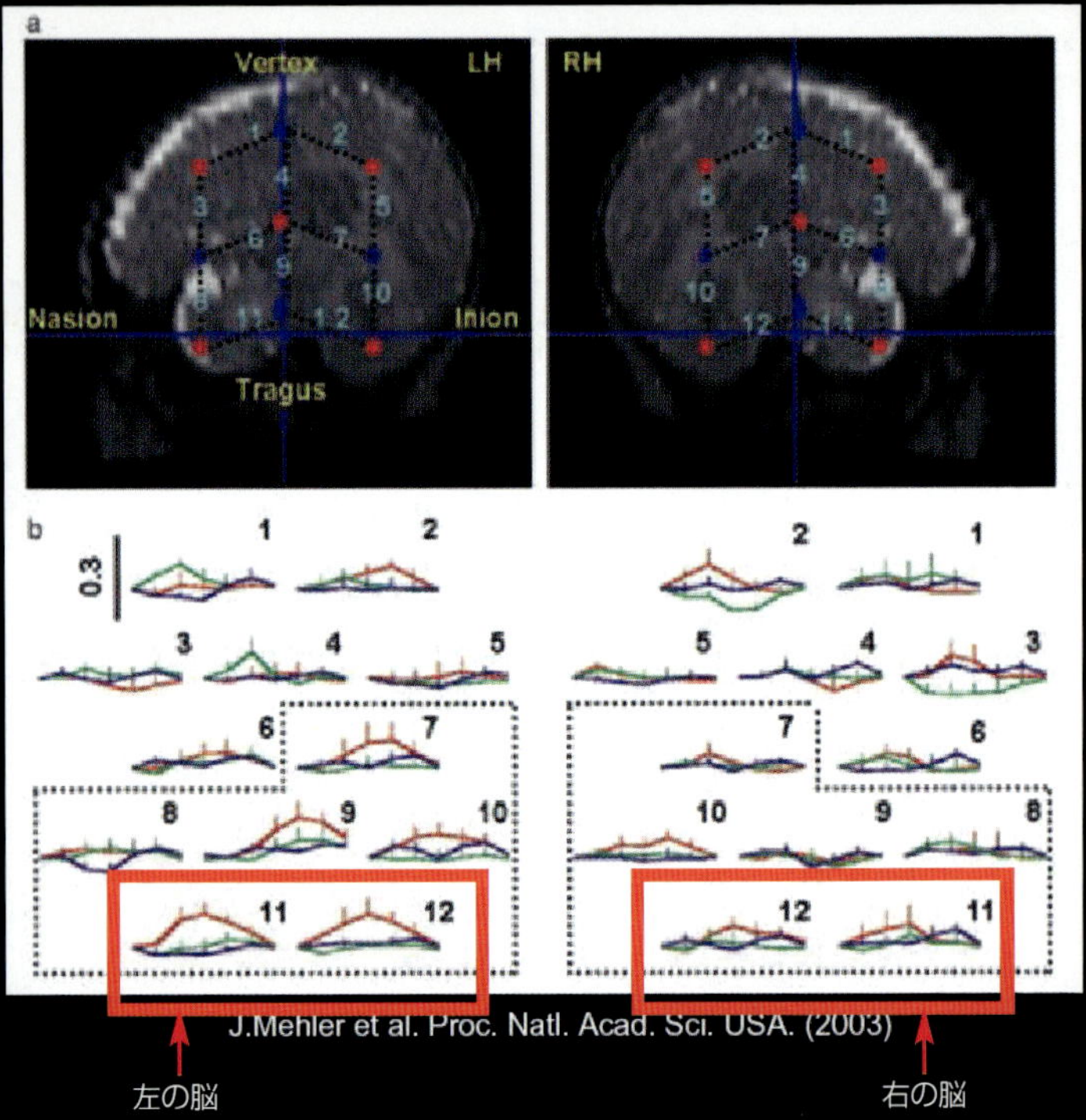

J.Mehler et al. Proc. Natl. Acad. Sci. USA. (2003)

図7
生後五日目までの赤ちゃんの側頭連合野の活動。母国語（左）、逆回しの言葉（中）、雑音を聞いたとき（提供／株式会社日立製作所基礎研究所）

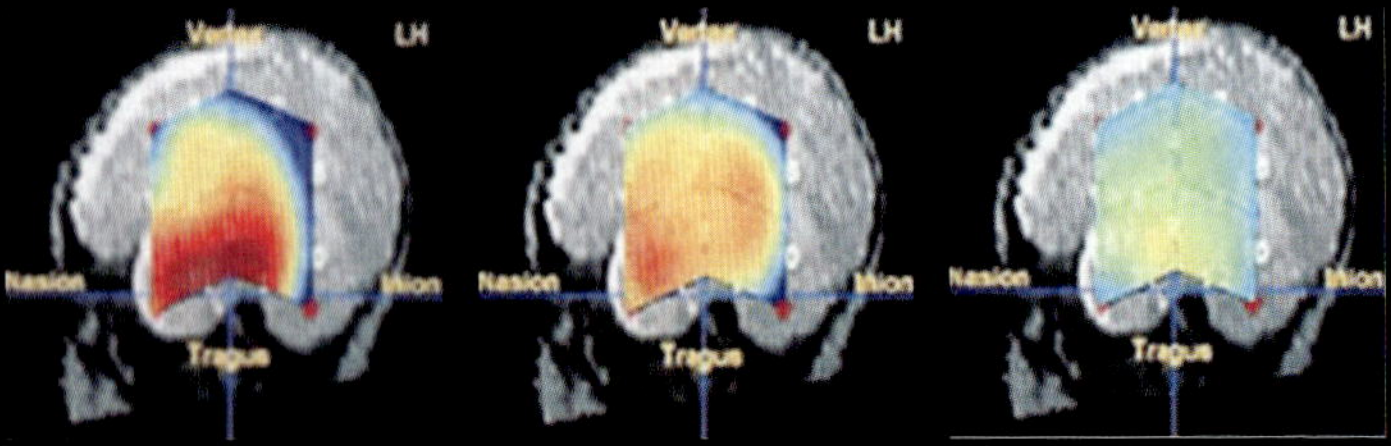

読み聞かせは心の脳に届く

TAIRA MASATO
東京医科歯科大学大学院教授 泰羅 雅登

「ダメ」がわかって、
やる気になる子に育てよう

くもん出版

本書に記載の肩書等は、初版第1刷発行時のものです。

目次

はじめに

第1章 脳科学からの仮説

第2章 新たに浮かんだ仮説

読み聞かせは
心の脳に届く

はじめに

言葉に備わる「すごい力」

初めはふつうの声で、「いない、いない、ばぁ」

でも、次はちょっとおおげさに、声も変えて、「いな〜い、い〜な〜〜い〜、ぶあぁ〜！」

ある日は、わざとページを飛ばして読み、子どもに「ちがう！」と言わせたり。

主人公と同じように、描かれた食べものを口に入れるふりをしながら、目をまんまるにして「おいしい」と言ってみたり。

最初から個人的な話で申し訳ありません。私には、今はもう成人になった子どもが二人いて、彼らが小さいときに私自身も、ときにはこんなふうにいろいろな工夫をしたりしながら、読み聞かせをしていました。

その当時は取り立てて、読み聞かせがどうのこうのなどと、考えてもいませんでしたが、読み聞かせの研究を始めるにあたり、そのころのことを思い出してみました。

何がいちばん楽しくて読み聞かせをしていたのかな、と考えてみると、それは子どもたちの反応だった気がします。

おもしろい場面で、「きゃっきゃっ」と笑ってくれる。主人公が襲われたりしてこわいところでは、「どきっ」とすくむのがわかる。主人公がいじわるされると「悲しそう」な顔をするけれど、最後に「よかったね」で終わると、「ほっと」した顔になる。その反応がすごく楽しくて、わが子への読み聞かせを続けていたような気がします。

そして、こんなにも豊かな反応を見ていると、何度も同じ本を読まされて面倒くさいと思うどころか、今度はもっと笑わせてやろう、もっとこわがらせてやろうと、いろいろな工夫をすることに、こちらも力が入っていました。

読み聞かせは、何も親から子どもにだけする、というものではありません。祖父母から孫へ、地域の大人たちから子どもたちへと、家庭や幼稚園、保育園、学校で、広く世界中で、民族をこえた文明社会の中で、それも何世紀にもわたり、子育てにおける子どもへの働きかけの一つとしておこなわれてきました。

日本には、言霊《ことだま》という言葉があります。

『万葉集』巻五の中に、山上憶良がよんだ「好去好来の歌」という長歌が収められているのをご存知でしょうか。天平五（七三三）年に唐へ出発した遣唐使を送った歌で、その中に、

「言霊の幸はふ国と　語り継ぎ　言ひ継がひけり」

という部分があります。

これは、言霊の働きによって幸せがもたらされる国があって、それは日本だ、といっています。古来より日本人は、言葉にはすごい力があることに気づいていたのです。これはわが国での話ですが、読み聞かせは「全人類の暗黙知」としておこなわれてきたのではないでしょうか。

読み聞かせは子どもの、「聞く力を育てる」、「言葉からイメージする力を育む」、「本に対する興味を喚起させる」、「コミュニケーションを促す」……、だから「いいんだよ」といわれています。

ところが、ほんとうにそんな効果があるのか、もしそうだとしたらなぜなのかなど、科学的な研究はこれまでほとんどおこなわれてきませんでした。

意外にも、科学者は「読み聞かせ」に注目したり、関心をもったりしなかったのです。

そこで、発達心理学がご専門の白百合女子大学、田島信元先生や日本公文教育研究会とともに、「脳科学と発達心理学から読み聞かせを科学する」という共同研究を、二〇〇六年からスタートさせることにしました。言葉がもつパワーや、読み聞かせが秘めているなぞを解き明かすことができないだろうか……。

そのなかで私は、脳科学の最新の研究方法を用いて、読み聞かせの解明に取り組むことにしました。

読み聞かせは、いったい何によい？

ところで、読み聞かせの効果とは何でしょう？

「読み聞かせは、いい」と、だれもがいいますが、実際のところはどうなのでしょう。

最初の写真は、読み聞かせをしているときのお母さんと子どもの様子を写したものです。ご覧になってほとんどの方が、ほっとした気持ちになるでしょう。

次の写真は、親子して、読み聞かせをしてもらっている写真です。お母さん

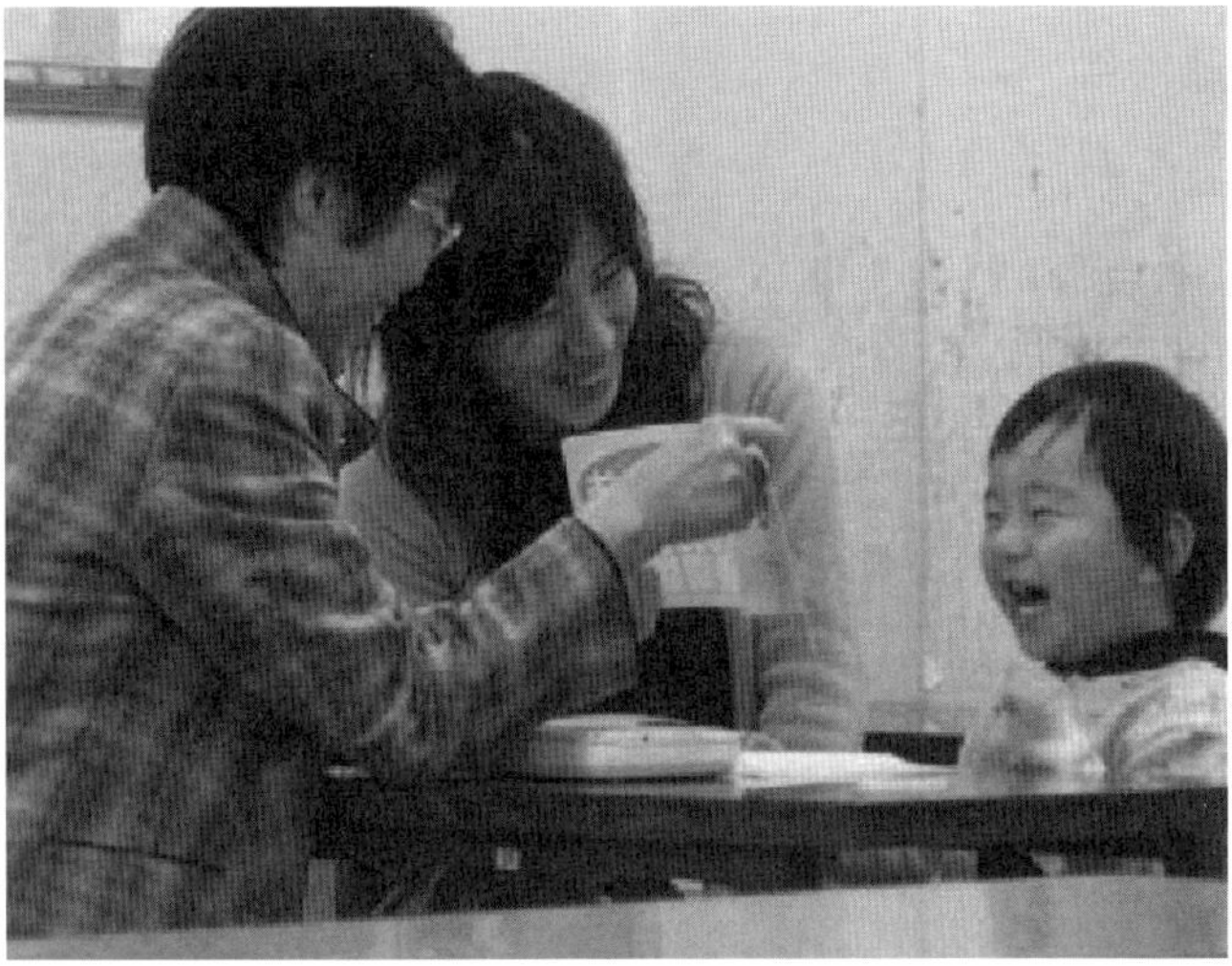

の笑顔がとてもすてきです。子どもは話に聞き入り、絵にも見入っています。きらきら、きらきら輝いている黒目が、ほんとうにすばらしい。

最後の写真の子どもは、おそらく三歳くらいでしょうか。言葉は、まだそれほどわからないと思われるのに、きゃっきゃっと笑っています。

私は、これらの写真が大好きです。この三枚の写真を見れば、まちがいなくだれもが「読み聞かせは、いいんだ」と納得してくれるでしょう。

また、こんな経験もありました。先日、

地方へ出張する機会があり、飛行機で東京に戻ってきましたが、学校が休みの時期には、子どもがよく独りで乗っています。そのときも、ちょうど私のとなりに、小学二年生（もちろんあとから聞いたのですが）の男の子が座りました。独りで飛行機に乗っているわけだから、不安そうにしていました。それで、話しかけてみたのです。

プラモデルをいっしょにつくってあげながら、けっこう長く話していたのですが、そのときに、「お母さんは、読み聞かせをしてくれる？」と聞いてみました。

すると、「やってくれるよ」というのです。「どんな本を？」とたずねたら、「ピーターラビットとか、グリム童話を読み聞かせしてくれる」と。

「じゃあ、どの話がいちばん好き？」と振ったら、その話の内容をたどりながら、一生懸命話してくれました。見ず知らずの大人に。その子も、目をきらきらさせながら、しゃべってくれました。

そのとき、私は、

「この子がこんなに素直に育っているのは、お母さんからたくさん読み聞かせを受けたからなんだ」と、強く感じました。みなさんもその場に居合わせたら、同じように思われたでしょう。

そして、読み聞かせをしている自分自身にも、読み聞かせの効果はあると思います。私自身の読み聞かせ経験のところでも書きましたが、子どもは、何回も何回も同じ本を、「読んで」と持ってきます。しかたなく何回も読んであげますが、同じところで笑い、同じところでこわがります。

何回も何回も、繰り返し。時間をおかず、二回も三回も同じ本を読ませ、何回も同じところで笑います。

最初のうちは、私もわけがわからず、「なんで、何回も読ませるのか」と不思議だったのですが、何度もそうしているうちに、子どもが笑う箇所、というのがわかってきます。すると、次はもうちょっと別の感じで笑わせてやろうかとか、こわがる場面ではちがうふうにこわがらせてやろうかと、私自身があれこれと考えて、読むようになります。

そうして、子どもがこちらのねらいどおりに反応すると、「やったぜ」と思う。つまり、読み聞かせをしている親自身も子どもをよく観察して、その反応を見て楽しんでいるわけです。


といった具合に、読み聞かせが様ざまな効果を発揮することに、どうやら疑いはありません。私は科学者として、「何とかして、読み聞かせの効果を科学的に証明してやろう」と、強く思いました。

結論から述べると、世界で初めて確認できたのが「読み聞かせは〝心の脳〟に働きかける」ということです。

心の脳という言葉――おそらく、初めて聞かれる方が多いのではないでしょうか。正しい専門用語ではありません。脳科学が突き止めた読み聞かせの効果をわかりやすくお伝えするために、私が、ある働きをしている脳の部分につけた名前です。

そして、「読み聞かせは〝心の脳〟に働きかける」。これがこの本を通して、みなさんに強くお伝えしたいことです。

第1章 脳科学からの仮説

私たちの大脳

この本では、脳科学の研究成果をお伝えします。ですから、まず最初に、脳について、ごく簡単に話しておきましょう。

いうまでもないことですが、私たち人間は文明をもっていて、文化的な生活を送っています。サルに比べて、人間はものすごく高度な生きものです。人間にいちばん近いといわれるチンパンジー——その中でも、とてもかしこい京都

図8　人間の脳の三つの連合野

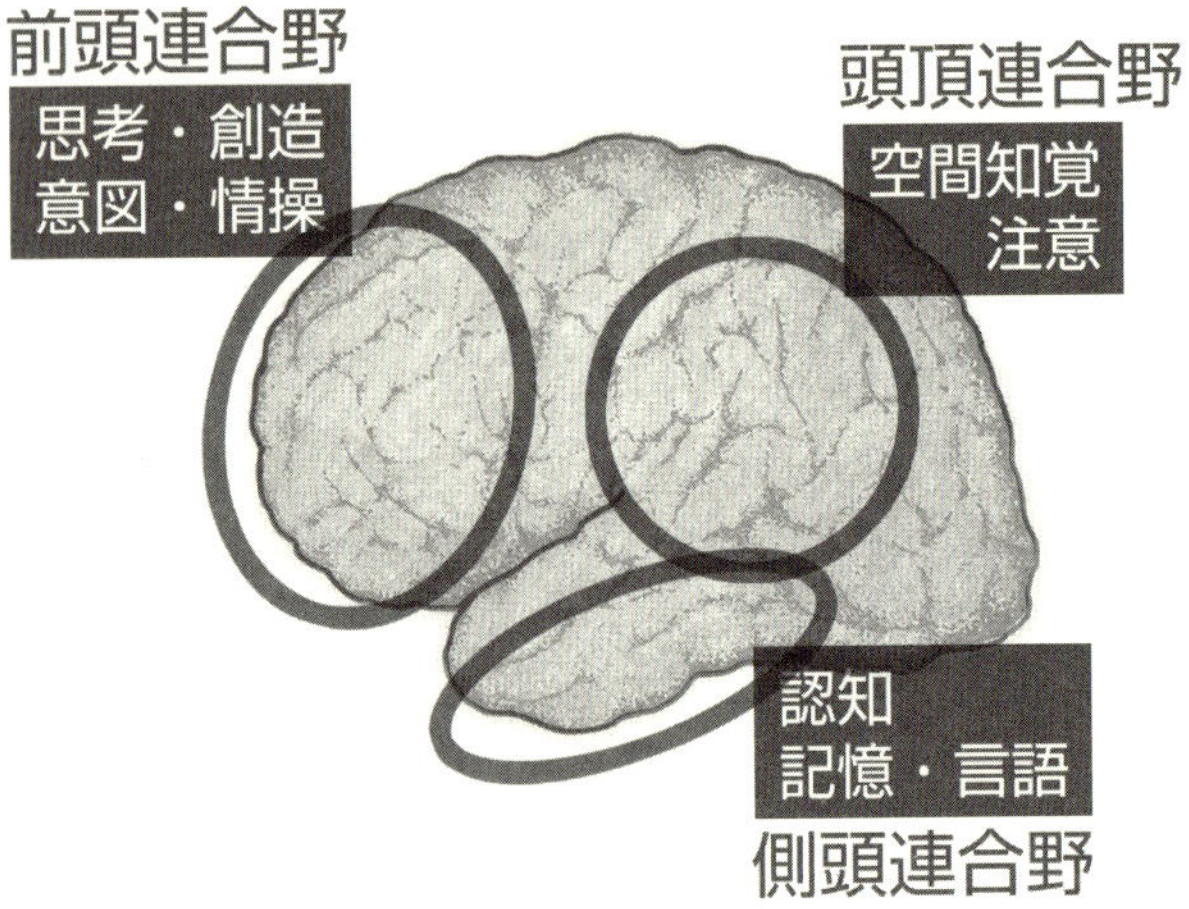

大学霊長類研究所のアイちゃんたちでさえも、人間と同じというわけにはいきません。

では、サルと私たちはどこがちがうのか。

当たり前のことですが、人間の脳は、ものすごく高いレベルの働きをする、ということです。その働きをするのが、「連合野」といわれる部分です。サルの脳にも連合野はありますが、人間のほうがはるかに発達しています。

人間の脳には、前頭連合野《ぜんとうれんごうや》、頭頂連合野《とうちょうれんごうや》、側頭連合野《そくとうれんごうや》の三つの連合野があります。

前頭連合野（前頭前野《ぜんとうぜんや》ともよばれます）の働きは、あとでくわしく説明しますが、思考、創造、意図、情操を司り、「人間を人間たらしめる」ことです。いわば、脳の司令塔にあたる部分です。さらに、個人個人でみれば、その人のパーソナリティ、つまり個性や人格を生み出す、ものすごく大切な領域です。

頭頂連合野は、場所やものの位置関係、つまり空間の知覚や、目で見たものを立体的にとらえるときに、この領域が働きます。さらに、あるものに自分の注意を向けるときにも、ここが働いています。

そして側頭連合野は、ものの認知、見たものが何なのか、だれの顔か、どこの風景かを判断したり、ものごとを理解しようとするときに必要な情報や記憶がしまわれています。さらに、これもあとで話しますが、言葉に関係したとても重要な働きをしています。

この三つの連合野によって、私たちは高度な文明をつくりだしてきたのです。

文化をもった人間と文化をもたなかったサル、そのちがいの原因は、この脳

図9　人間（上）とサル（下）の前頭連合野（●色の部分）

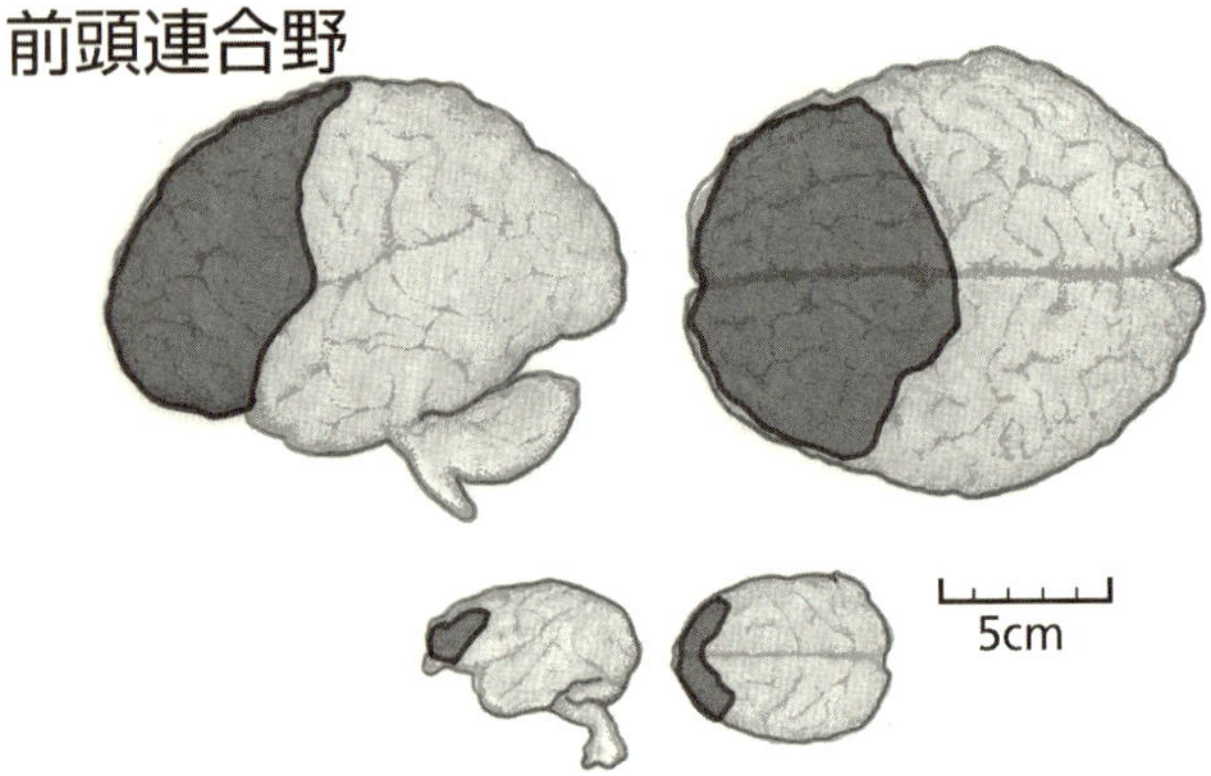

の働きにあります。では、どこがちがっているのかを比べてみましょう。

まず、見た目に大きくちがっているのが、前頭連合野（前頭前野）です。

上の図は上が人間、下がサルの脳で、前頭連合野の部分を濃い灰色にぬってあります。人間の場合は大脳の三〇％ぐらいもあり、すごく大きな部分を占めています。サルはせいぜい十数％。イヌやネコではわずか数％。ネズミ、ウサギなどでは、ほとんどありません。

人間は動物の中で、もっとも大きな前頭連合野をもっています。前頭連合野がこんなにも大きく発達したからこそ、人間は動物の中でいちばん発展できたのです。

司令塔の役割を担う部分

前頭連合野の役割は、思考、創造、意図、情操といいましたが、前頭連合野がどういう働きをしているのかを、もう少しくわしく見ておきましょう。

まずは、ものごとを考える、それから新しいものをつくりだすということ。文化の創造です。人間が文化をつくってきた、そのおおもとです。

行動や情動のコントロール。自分の行動を抑える、自分の感情を抑える、ということです。こんな状況であっても、今は怒っちゃいけない、とがまんする。やってはいけないことはしない、というように抑える。そんな働きです。最近は、切れる人たちが多いと聞きます。ナイフで人を刺したりする事件もずいぶん起きていますが、自分の行動が制御できないのは、前頭連合野がうまく機能していないからではないか、と考えられています。

コミュニケーション。言葉による会話でほかの人と通じ合う、ということだけではありません。ここでは、もっと広い意味も含んでいます。少し言葉は悪いですが、「相手の顔色を読む」ということです。ちょっと前のはやりの言葉でいうと、空気を読むでしょうか。その場の雰囲気を読むというのは、私たちにとって重要なコミュニケーションです。

意欲や集中力をもち続ける、という働きもあります。

自分から何かをやる自発性や、自分のことは自分でやるというのも、前頭連合野の働きです。残念なことに認知症を患った方がやる気をなくす、あるいは身辺自立ができなくなるのは、前頭連合野がおとろえてしまうからなのです。

それから、ものごとを記憶したり、学習したりすることにも、この領域が関係しています。

前頭連合野のこれらの働きが個人をつくり、人格を育てる――ということが理解いただけましたか。脳の中でもっとも大切な働きをする前頭連合野。重要な司令塔、といわれることにも納得できます。ただ、サルにも小さいながら前頭連合野があります。ですから、ほかの動物よりもかしこく暮らすことができるのです。

人間とサルのいちばんのちがい

さて、人間とサルの大脳を比べると、じつは、前頭連合野以外にも大きくちがっている部分があります。

それは、側頭連合野です。前頭連合野の後ろ寄り、その下の部分にあたります。前頭連合野とちがい、大きさがどうこう、というのではありません。ある大切な働きに関することで、ちがいがあるのです。

サルの側頭連合野には、目に見えたものがいったい何なのかを認識する働きや、見たものを覚えておく記憶の役割、それしかありません。

いっぽう人間はというと、それだけでなく、言語に関係した機能が左脳の側頭連合野を中心に集まっています。

図10　人間（上）とサル（下）の側頭連合野（●色の部分）と働き

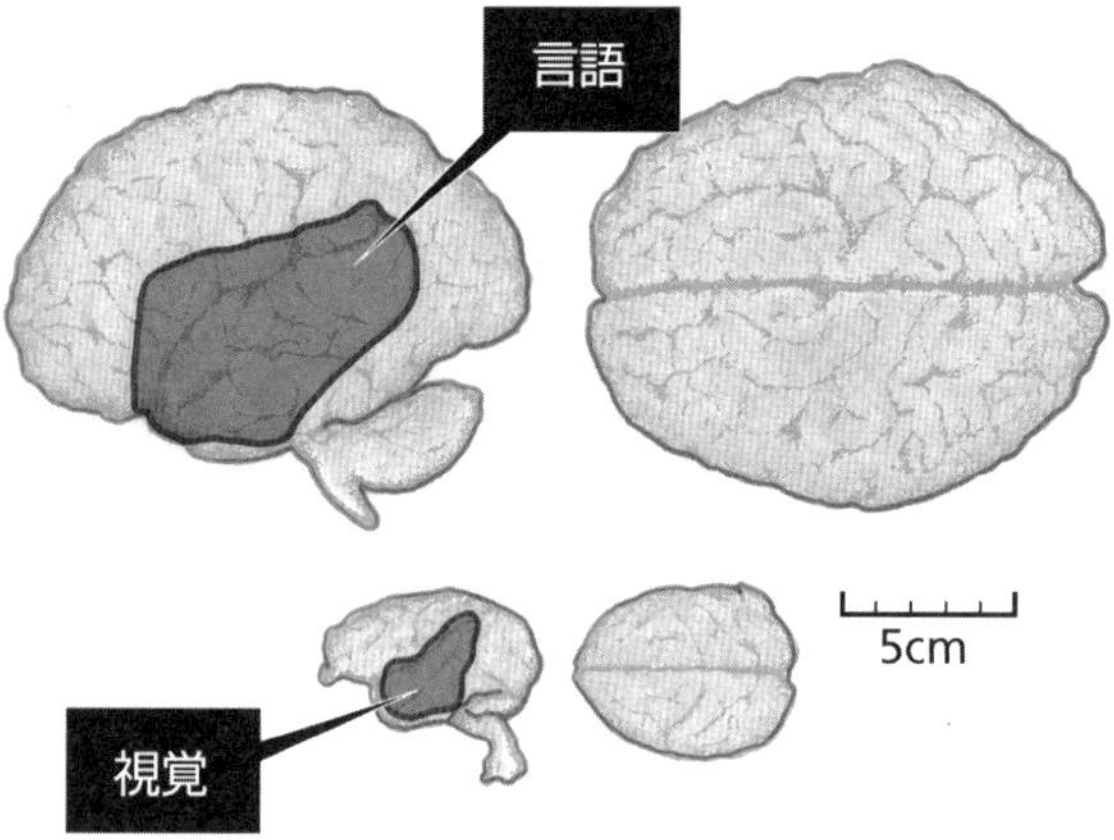

さきほどの前頭連合野は、小さいけれどサルにもある、といいました。だから、もちろん人間ほどではないにしろ、サルにもいろいろな機能が備わっています。でも、サルの側頭連合野には、言葉についての機能がまったくないのです。

私たちの左脳の側頭連合野を中心に、左側面の後ろのほうには、言葉（単語）の意味を理解する部分と、耳で聞いた言葉（音韻）を理解する部分があります。

また前頭連合野の中ですが、側頭連合野に接している場所には、言葉をうまく話すという機能があります。

私たちはふだんからしゃべって、相手

図11　人間の脳で、言葉に関して働く部分

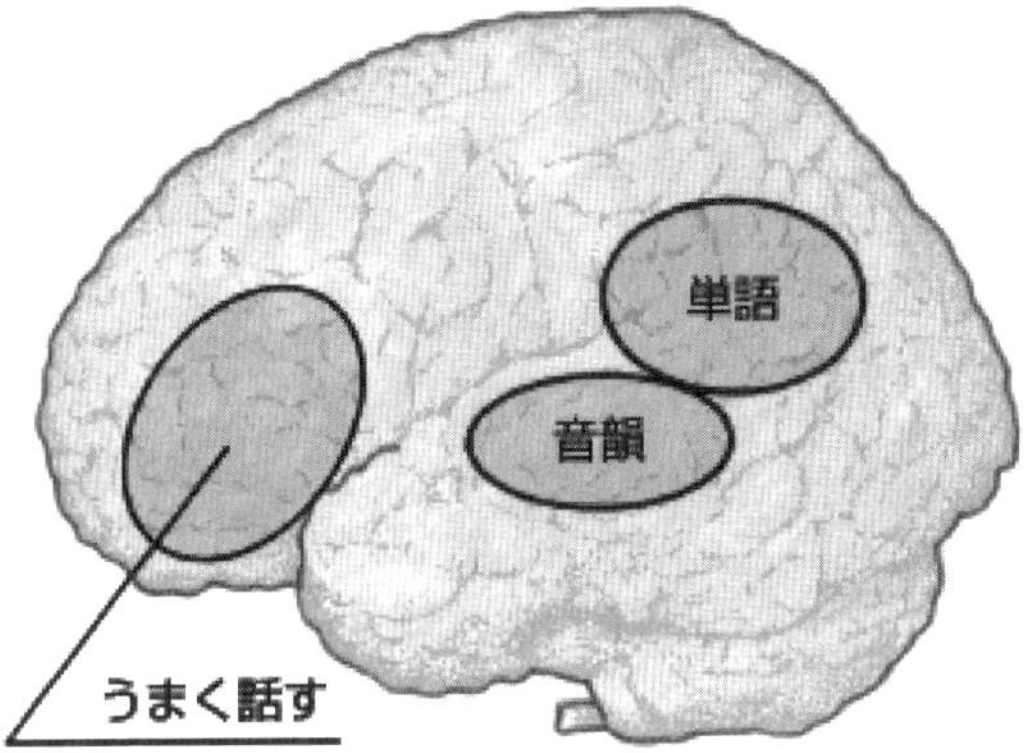

の言葉を理解しています。だから、言葉が使えることはきわめて当たり前で、何の不思議も感じていません。

でも、考えてみてください。人間にもっとも近いチンパンジーでさえ、しゃべることはできません。だから、人間とサルの側頭連合野のちがいは、前頭連合野のちがいより「もっと、もっと、大きい！」と、私は思います。

私たちは一人ひとりが個性をもち、個人が集まって文化を生みだしてきました。それにはまず、前頭連合野の存在があります。

そして、人と会話し、お互いを理解し合うときに、言葉が大きな役割を果たします。それだけではありません。新しい知識や技をまわりの人たちと共有して文化を広めたり、後世へ代だいつないでいったりするときにも、言葉は欠かせません。

それを担ったのが、側頭連合野にある、言葉に関する働きなのです。

ほかの動物に、そういうことはできません。新しいことを身につけても、その個体やその代で終わってしまいます。でも、私たちは言語をもち得た、その働きをもった側頭連合野があった。だからこそ、すごく発展することができたのです。

言葉のすごい力を手にしたこと、そして私たち人間しかそれをもっていないということ。それをあらためて、心に留めていただければと思います。

読み聞かせの研究

さて、発達心理学や教育心理学の分野ではすでに、読み聞かせについていくつかの研究がおこなわれています。それらを調べると、おおよそ、次のような効果が報告されています。

まずは、聞く力を育てる、ということ。耳から言葉が入ってくるから、聞いて理解する力を育てるだろう。

それに、言葉からイメージする力を育てる、ということ。

言葉には、目に見える映像はありません。だから「花」と聞いて、ときにはダリアだったり、ヒマワリだったり、ユリを思い浮かべるでしょう。もちろん、人によってもことなります。「花」という言葉からいろいろなイメージをふくらませる能力を養うだろう。

それから、本に対する興味を育む。本を読み聞かせしてもらうことで、そのうちに自分で本を読むようになる。本好きになる。そういう効果があるだろう。

さらに、たとえばお母さんが読み聞かせをして、子どもがそれを聞くときに、その空間では様ざまなコミュニケーションが生みだされる。そういう効果もあるだろう。

では、脳の中では実際に、どんなことが起きているのでしょう。写真にあったように、言葉がまだわからないであろう、そんな小さい幼児でさえ読み聞かせに反応しているわけだから、きっと子どもの脳にも働きかけがあり、脳がそれに反応していることはまちがいありません。

でもこれまで、それをよく調べてこなかった。だからやってみよう、脳科学からの研究を始めてみよう、ということになりました。

脳の働きを見ることができる

とにかく、読み聞かせをしているときに、子どもの脳の中やお母さんの脳の中でどんなことが起こっているのか、それを調べてみるしかありません。脳の

近赤外計測の装置

働きや実際の活動の様子を調べるために、次の二つの方法を使いました。

右の写真の女の子は頭に、たくさんのコードがついた装置をかぶっています。この方法は、近赤外計測といいます。

頭を使うと血のめぐりがよくなる、といいます。実際、そのとおりなのです。脳が活動している場所では、酸素を供給するために、血流がふえています。反対に、活動していないと、血流は減ります。その様子を赤外線の一種を使って調べます。

この方法のいちばんよいところは、写真にもあるように、ふだんとまったく同じ状

機能的MRIの装置

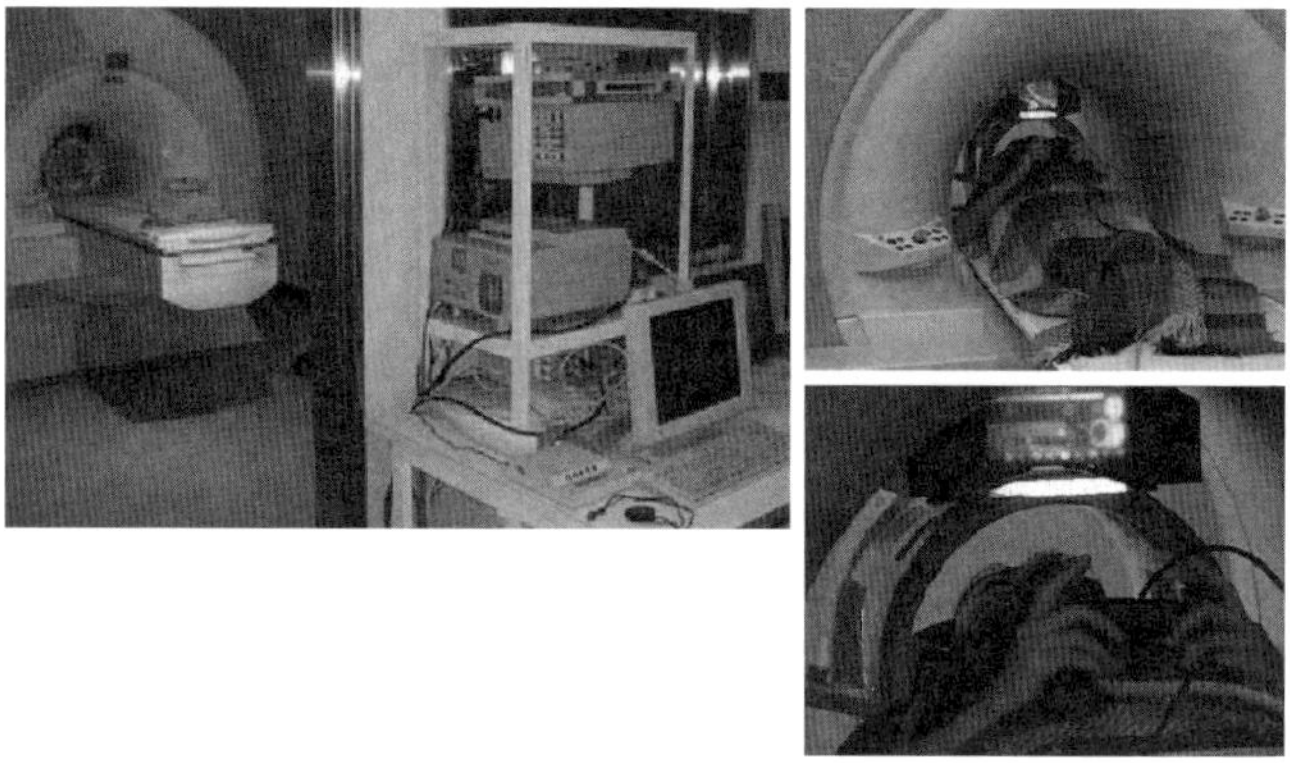

況で、つまり、ふだんお母さんが子どもに読み聞かせをしているのと同じ状況で、脳の様子を調べられることです。

頭や脳に影響をあたえないので、小さな子どもにも安心してつけることができます。装置をつけたまま少しくらい動いても、問題ありません。

ただし、装置の真下にある脳の、表面の活動の様子しか調べることができません。

では、脳の広い範囲や深いところの活動を知りたいときにはどうするのかというと、別の機械を使います。機能的ＭＲＩというものです。ＭＲＩは、ご存知の方も多いでしょう。脳や体の断層写真を撮る装置で、病院で脳の写真を撮ってもらった方もいらっしゃるのではないでしょうか。

この機械で、脳のどこで血流がふえたのか、あるいは減ったのかを測ることができます。そして、脳のどこが、どのくらい活動しているのかを、脳の深い部分までくわしく調べることができます。

すばらしい機械ですが、問題は、計測される人がせまい機械の中に入らなくてはならないうえに、計測中は体を動かしてはいけない、ということです。近赤外計測とちがい、ちょっと特殊な状況でしか、脳の様子を調べることができません。

前頭連合野が活性化しているはず……

さて、読み聞かせの効果と脳の働きを調べるにあたり、私たちは一つの仮説をもっていました。

図12　日本語の文章を聞くときの脳の活動

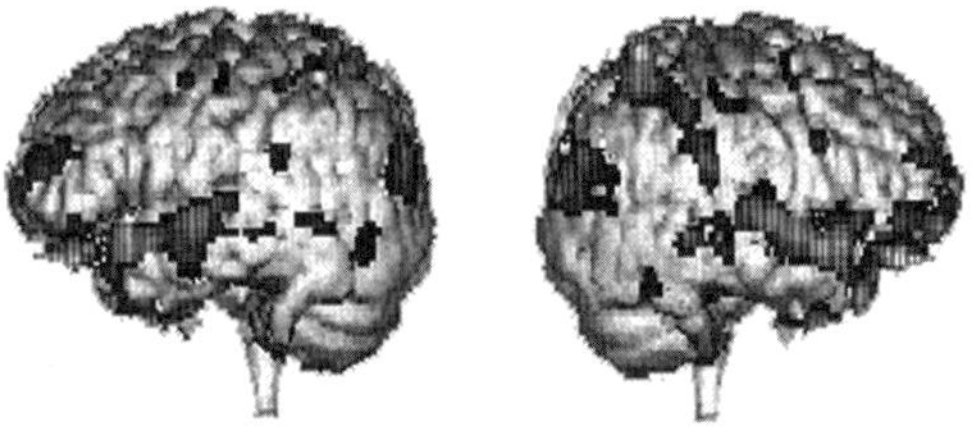

左側の脳　　右側の脳

図13　日本語の文章を声に出して読むときの脳の活動

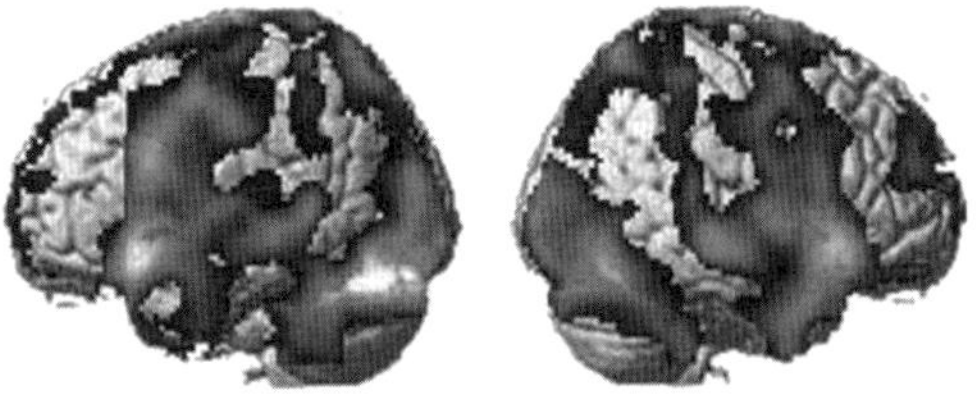

『脳を育て、夢をかなえる』（くもん出版）より

前に述べたように、心理学の研究からいわれている読み聞かせの効用には、言葉からイメージする力、コミュニケーションの力をつける、ということがありました。前頭連合野の働きに、おおよそ当てはまっています。

いっぽう東北大学の川島隆太先生は、前頭連合野の働きについての研究をされていますが、「日本語の文章を聞くとき」と、「日本語の文章を、声に出して読むとき」の脳の様子を、機能的MRIで調べた結果が上の図です。

画像では、灰色や黒色の部分で脳が活動していることを示しています。上は、だれかが新聞を読んでいるのを聞いているときの脳の様子ですが、いろいろな場所が活発に働いています。前頭連合野にも、活動している部分があります。

音読するときは、どうでしょう。脳の大部分が活動しています。様ざまな行動にともなう脳の活動の様子を調べた画像と比べても、音読ほど脳が活発に働く事例はほかにないと、川島先生はおっしゃっています。前頭連合野も、より強く活動しています。

どうやら、読んだり聞いたりするときには、前頭連合野が活発に働くようです。だから、子どもが絵本を読み聞かせてもらっているときも、前頭連合野が活性化しているだろう――私たちはそう考え、その解明に向けた研究を開始しました。

第2章

新たに浮かんだ仮説

仮説、くずれる!

読み聞かせで私たちの脳は、どのような働きをするのか……。

早速、近赤外計測を使い、子どもたちがお母さんに読み聞かせをしてもらっているときの脳活動の計測を開始しました。測定する部位は、私たちの仮説に基づいて前頭連合野です。

五人の子どもたちの平均の脳活動を、カラー口絵(図1)に載せてあります。

右端にカラーバーを置きましたが、赤くなるほど強く活動していることを、青くなるほど活動していないことを示しています。

どうでしょう。赤色の部分はまったくなく、青色が広がっています。

はっきりいって、ショックでした。

「えーっ！　前頭連合野が働いていないの？」

今となっては冗談ですみますが、「私たちの顔も真っ青！」

仮説が早くもくずれたことで、もう研究をやめてしまおうという意見もありました。

しかし、「前頭連合野が活動していないのは事実。それなりに意味があるはず。それを考えなきゃ」と思い直す、それが科学者の研究に対する姿勢です。

まず疑ったのは、この装置では子どもの脳活動を計測できないのでは、ということでした。

川島先生の研究によると、一桁の足し算や引き算でも、前頭連合野が活発に働くことがわかっていました。そこで、子どもたちの頭に装置をつけ、計算をしてもらいました。

このときの結果も、カラー口絵（図2）に載せました。黄色が広がり、活発に活動していることがわかります。計算、おそるべし！

近赤外計測の装置に問題はなさそうです。ということで、あの結果はまさしく事実だ、ということを受け入れざるを得なくなりました。

脳は聞こうとしている

そこで、次なる研究方法を考えました。近赤外計測の装置の制約は、前にもいったように、脳の広い範囲や深いところの活動を測れないことです。だったら、機能的MRIを使ってみようではないか。

実験に協力してくれる子どもたちには、せまい機械の中に入ってもらわなければなりません。そのうえ、頭や体を動かしてはいけないという、ちょっとたいへんな状況でしたが、子どもたちはみんなよい子で、よくがんばってくれました。

体を機械の中に入れるから、近赤外計測のときのようにお母さんに直接読み聞かせをしてもらうことはできません。あらかじめ、お母さんが読み聞かせをしたときのビデオを撮り、それを目の前に置いたモニターに映します。

一つは、ふだん読み聞かせをしている本を、いつもどおりに読んでもらったビデオです。

でもこれだけでは、そのときに計測した脳の働きが、ただたんに、お母さんの表情を見ながら、その声を聞いていることによるもの、という可能性があります。読み聞かせをしてもらっていることによる脳の働きだと、明確に判断できないかもしれません。

そこでもう一つ、お母さんの読み聞かせを逆回しにした映像も用意しました。逆回しですが、映っているお母さんの表情はよくわかります。もちろん、声も同じです。でも、逆回しですから、何をいっているのかまったくわかりません。

余談ですが、何だか韓国語をしゃべっているように聞こえます。このビデオを見ているときの脳の活動も調べ、最初のビデオを見ているときの脳の活動と比べてみました。

これもわかりやすいように、カラー口絵（図3）に画像を載せました。この画像では、赤色や黄色の部分で脳が活動していることを示しています。

上が、逆回しのビデオを見ているときの脳の活動です。脳の左右の側面に、活動している部分があります。側頭葉《そくとうよう》のこの部分には、音を聞き分ける聴覚《ちょうかく》野《や》があります。右の耳からの音は左側の、左の耳からの音は右側の側頭葉に届きます。

しかし、左右の脳をよく見比べてください。赤いところより、黄色いところのほうが強く活動していることを示していますが、明らかに、左側の脳のほうが黄色くなっていて、より強く活動していることがわかります。

前に説明しましたが、人間では左側の側頭連合野に、言葉を理解しようとする機能があります。つまりこの画像は、わけのわからない音が聞こえているけれど、何か意味があるのではないかと、左側の側頭連合野がけんめいに理解しようとしてがんばっていることをあらわしています。

では、読み聞かせのときはどうでしょう。逆回しのときと同じように、右と左の側頭連合野が活動しています。そして、やはり左側がより強く活動しているのがわかります。一見すると、逆回しのときと同じように見えますが、二つを比べると、逆回しより、読み聞かせのほうで活動が強いことがわかります。意味のない言葉を聞いているときよりも、聞いてわかる言葉の意味を正しく理解しようと、脳がより強く活動しているのです。

それと、やはり……。残念ですが、前頭連合野はほとんど活動していません。読み聞かせが子どもの前頭連合野を強く活動させる、という仮説はまちがっている——その事実を突きつけられました。

意味不明な言葉を聞いているときよりも、ちゃんとした言葉を聞いているときに脳がより活動しているといいましたが、直接引き算をするとそれがよりわ

図14　しんけんに言葉を理解しようとしているときの脳の活動

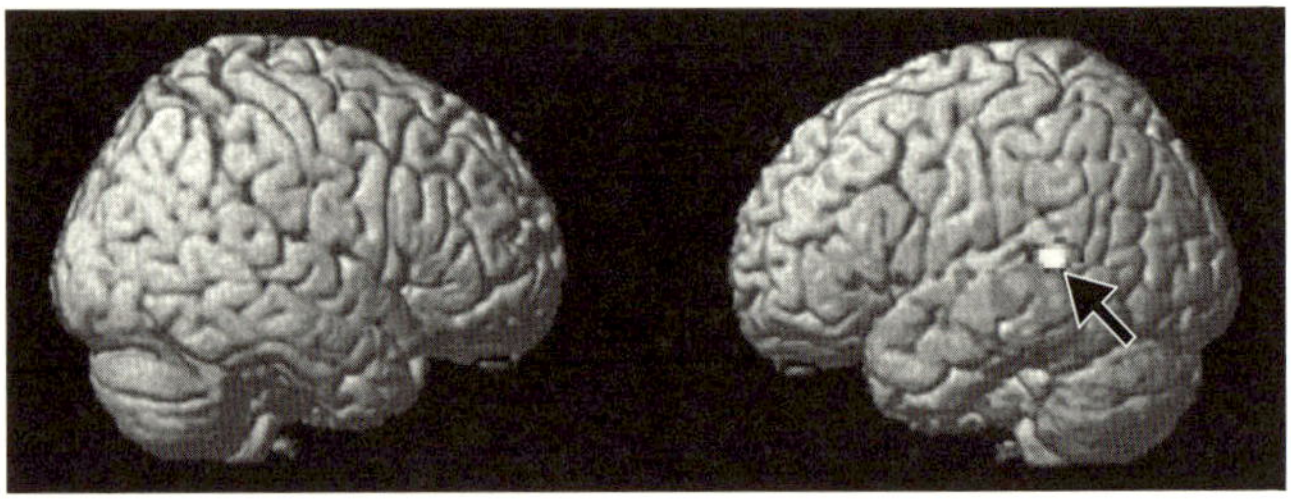

右側の脳　　左側の脳

かります。上の画像は、お母さんの読み聞かせによる脳の活動箇所から、逆回しの声を聞いているときの活動箇所を引き算したものです。残った場所は、読み聞かせのときにだけ活動している場所にあたります。まさに、言葉を聞いてその意味を理解するときに働く領域、専門用語ではウェルニッケ野《や》といいますが、ここが強く活動していることがわかります。つまり、しんけんに言葉を理解しようとしている状態を示しているのです。

前頭連合野が活動していなかったことは残念だけれど、側頭連合野が活動している様子を確かめることができました。

この画像を見た私は、あらためて思ったのです。読み聞かせには効用があるといわれているのだから、脳が活動していないということは絶対にあり得ない、読み聞かせがどこかに働きかけている証拠がきっとある、と。

脳全体を、もっと広く調べないといけないのではないか。どこか、活動している場所が見つかるはず……。

心の脳への働きかけか……?

そこで、読み聞かせをしているときのお母さんの脳活動を、もう一度見直してみることから始めました。前頭連合野の様子を、近赤外計測で調べておいたものです。

カラー口絵の図4は、たんに文字を追って本を読んでいる音読と、わが子に読み聞かせをしているときの前頭連合野の活動の様子です。

音読で、前頭連合野が活動していることがわかります。そして読み聞かせのときには、活動していることを示す黄色がさらに広がっています。子どもに読み聞かせをしていると、お母さんの前頭連合野は音読しているときよりもさらに活動している――これほどちがいが出るとは思わなかったので、正直、びっくりしました。

脳も私たちの体の一部ですから、活発に働かせるほど、その機能は高まっていきます。子どもの脳は使わないと、うまく働くようにはなりません。年をとってからも脳を健やかに保つには、やはり脳を使うことが大切です。

ですから読み聞かせは、お母さんの前頭連合野をよりよく働かせ、健やかに保つために、すごくよいことなのです。読み聞かせをしていると、お母さんの脳は健康になるのです。

それはさておき、では、たんなる音読と読み聞かせのちがいは、何でしょう？

お母さんたちに聞いてみました。

「同じ本なのに、音読と読み聞かせでは、脳の様子がちがっています。読み聞かせをしているときのほうが、より活発に活動しているのです。お母さん方にとって、何かちがいがあるのですか」と。

すると、ほとんどのお母さんが、こう答えてくださいました。

「読み聞かせのときは、感情をこめて読んでいます。聞いている子どもが、今どんな気持ちなのかなと、相手の気持ちになって読みます」

あるいは、「本の主人公になったつもりで、主人公の気持ちで読んであげています」

私は、「そうかっ！」と気づきました。二つの画像をよく見比べると、とくに真ん中のあたりで活動が強くなっています。

このあたりは前頭連合野の中でも、人と人とのコミュニケーションをとるときに使われる部分です。相手に共感する、また相手の気持ちになって考えるときに強く働きます。お母さんが、子どもの気持ちを考えて、あるいは主人公になったつもりで読み聞かせをするから、この部分が強く働いているのです。

この結果を見た私は、はっと、新たな仮説を思いつきました。

「そうか！　読み聞かせをするお母さんは、相手の気持ちに強くうったえかけようとしている。それなら、子どもたちの情動に強く働きかけているはずだから、情動に関係した脳が強く活動しているのではないか」という考えです。

あとで書きますが、これはじつに当たり前のことなのですが……。

情動とは心の動きで、恐怖や驚き、喜怒哀楽などの感情のことです。でも、情動に関係した脳といっても、パッとイメージがわきません。それと、「情動」という言葉の響きからは、あまり好ましくないイメージを浮かべてしまいがちです。

何か、うまく伝えられる言葉はないものか――いろいろ考えて、「心の脳」といいかえてみることにしました。ことわっておきますが、「心の脳」というのは科学的に正しい表現ではありません。でも、このほうが多少でも、みなさんにはなじみよいかと思って使うことにしました。

「読み聞かせは、お母さんの側から子どもの『心の脳』に働きかけている可能性があるらしい」とひらめいた瞬間、子どもたちが読み聞かせをしてもらっているときの脳の画像をもう一度、見てみたのです。

そして、読み聞かせのなぞを、脳に見つけることができたのです。

第3章

「心の脳」を育む

ひらめきの実証

この本の中では何点も、読み聞かせをしてもらっている子どもの写真を載せています。これらの写真を見たときに、だれしも「あ〜、いい写真だな」と思うにちがいありません。

その理由は何でしょうか?

一つは、まちがいなく、写真の中にあふれている笑顔です。子どもの笑顔に、読み聞かせをしているお母さんの笑顔。親子に向かって読み聞かせをしている読み手の方も笑顔です。

そしてもう一つは、子どものきらきらした瞳。お母さんや、読み手の方を見つめるしんけんなまなざしではないでしょうか。みなさんも、そう思いませんか。

さて、読み聞かせは「心の脳」に働きかける、という話にもどりましょう。14ページの写真を、もう一度見てください。まだ言葉もうまく話せない、おそらく正しく理解できない小さな子が、どうでしょう。きゃっきゃっと笑っています。

ということは、この子の心の中には、読み聞かせをしてもらい、この場面に来たまさにこのとき、うれしいという気持ちがわきおこったにちがいありません。おそらく、言葉を聞いてそれを理解して……、というのではないでしょう。言葉がわかっているかどうかに関係なく、読み聞かせの何か、たぶん読み手の気持ちが、子どもの「心の脳」に届いて動かしたのです。

「やっぱりそうなんだ。絶対に、心の脳に働きかけているぞ」と確信したところで、もう一度、子どもたちの脳を計測した機能的MRIのデータを、じっくりと見直してみました。

すると、ありました！

カラー口絵の図5の中で、ぽつんぽつんと赤紫色がついている部分が活動しているところです。その中で赤い線で囲んだところ、この場所は大脳辺縁系《だいのうへんえんけい》とよばれる部分の一部です。

辺縁系は、感情、情動に関わる働きをする場所、まさに私がいう「心の脳」にあたる部分です。

読み聞かせをしてもらっているときの子どもの脳では、「心の脳」が活動していたのです。やはりお母さんはわが子の心の脳に働きかけている、それを確かめることができました。

三つの脳

では、子どもが小さなうちに「心の脳」に働きかけること、それがなぜ大切なのでしょうか。

「心の脳」は情動・感情に関係している。こう聞くと、喜怒哀楽といった「心の動き」にだけ関係しているように思われます。ところが、じつはそれだけではない、もっと重要な働きがあります。

まず、脳の構造、成り立ちを見てみましょう。私たちの脳は、三層の構造をしています。

いちばん深いところは、生物としての自分自身を生かしていく脳です。専門的

図15　人間の三つの脳

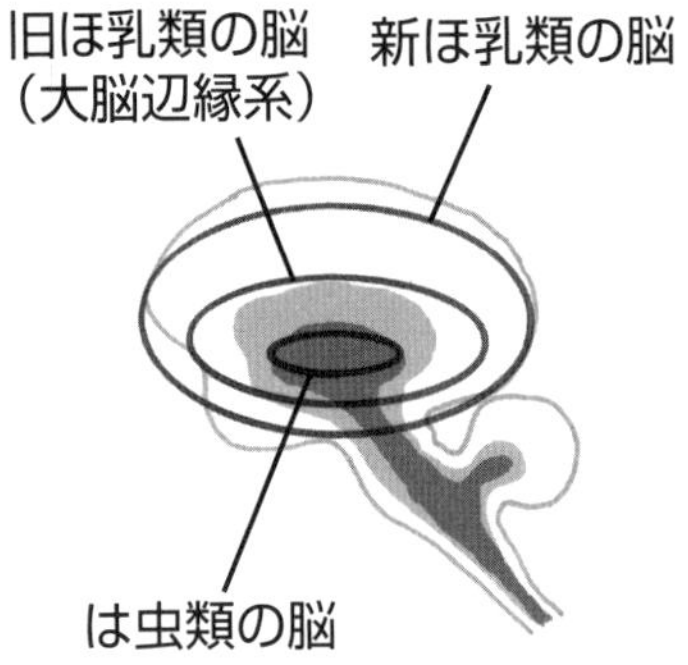

な用語では、脳幹《のうかん》や間脳《かんのう》とよばれる部分です。ここには心臓を動かしたり、呼吸したり、体温を維持したりするなど、「自分を生かす」という働きがありま す。進化の道すじで見ると、いちばん古くに発達した脳です。下等な生物にもこの部分はあるので、「は虫類の脳」ともいわれます。

人間が植物状態になったときはここだけが働いていて、脳のほかの部分は働いていません。つまり、この部分が働きさえすれば、「生きていく」ことができるのです。

その上にあるのが大脳辺縁系。私のいう「心の脳」はこの部分ですが、「旧ほ乳類の脳」といわれ、「は虫類の脳」に次いで発達した脳です。

あとでくわしく話しますが、「心の脳」には喜怒哀楽を感じるだけではなく、わが身を「たくましく生かしていく」役割があります。少し難しくいうと、自身の生存確率を高めていくために働いている脳です。

そして、その上にかぶさるように、「新ほ乳類の脳」といわれる、大脳新皮質《だいのうしんひしつ》があります。最初にお話しした三つの連合野があるのは、この部分です。私たちを「よりよく生かす」脳といってよいでしょう。私たち人間では、前頭連合野が文化・文明をつくりだしたし、左の脳の側頭連合野に言語の機能が発達したのです。

私たち人間は大きな大脳新皮質をもっていて、それで人間らしい行動ができるのです。

「心の脳」とは何？

さて、「心の脳」には喜怒哀楽を感じるだけではなく、わが身を「たくましく生かしていく」役割があるといいました。これは、どういうことでしょう。

みなさんの、日常生活を思い起こしてください。ふだんの私たちの行動はよく、理性に従って行動しているといいます。でも、ほんとうでしょうか？

いちばんの基本は「好きなことはやる」、「きらいなこと、いやなことはやらない」ではないでしょうか？

この行動の選び方は、理性的に考えて行動する以前のものです。人間も含め、動物には理性以前の行動、理性にとらわれない行動の原則というものがあって、それを司っているのが心の脳、辺縁系です。

たとえで話しましょう。ご自分を、かよわい野生のウサギだと思ってください。おなかが空きました。コンビニで買い物をするわけにはいかないですから、どこかに食べ物を探しに行かなければなりません。長い間探して、やっと食べ物を見つけた、でもそのとき、天敵とばったり出くわす！ びっくり仰天!! ものすごく、いやな経験です。運よく逃げることはできましたが、「こわい」、「もう、いやだ」という記憶が残るでしょう。

すると私たちウサギは、次からは絶対、そこへ行かなくなります。どうしてか。そこへ行けば、また敵に襲われて、今度は死ぬかもしれないからです。

つまり、自分が生き残るために、「こわい！」、「いやだ！」というのは、とても重要な感情なのです。ある行動をして、「こわい！」、「いやだ！」という感情経験をすると、次からは絶対にその行動をやらなくなるのです。

これを人間の場合でいうと、しかる、しつける、ということになります。

私たちにはウサギのように、天敵に出あって殺される、ということはありません。しかし、社会の中で生きていこうとするときには、その中でのルールを守らないと生きていけません。暗黙のルール、あるいは自己規範、道徳といっていいかもしれません。これらがあることを、子どもは知らなければなりません。

これらのルールの多くには、それを守らなきゃいけないという明確な理由がないこともあります。頭で考えていては、これらのルールは身につきません。では、どうするか。

私たちは、子どもをしかります。しかって、社会で生きていくためのルールをしつけます。しつけるとは、しかって、いやな思いをさせて、その行動をとらないようにさせることなのです。

理屈などなしに、やってはいけないとしつけるときには、しかる。しかって、子どもにいやな思い出を植えつける。そうすると、これはやってはいけないと、頭で考える前にわかるようになるのです。

反対に、おいしい食べ物が見つかって、いっぱい食べられた。これは、いい思い出です。すると、またそこへ行こう、となる。そこへ行けばまた、たらふく食べられる。それで、生き残れる可能性が高くなるわけです。つまり、「楽しい」、「うれしい」は、もう一度同じ行動を繰り返そうという動機付けになり、私たちに積極的にその行動をとらせるようになります。

これは、人間の世界では子どもをほめる、ということ。ほめてあげて、「うれしい」、「楽しい」思いをさせるということは、子どもに動機付けしてあげることなのです。

私たち人間も、動物として、このようにできています。だから、子どもを前向きにやらせようと思うならほめてあげること、それが大事です。いくらしかっても、子どもは絶対にやろうとはしません。

ぜひ、たくさんほめてあげてください。これも、脳科学がみなさんにお示ししている事実です。

心の脳を育む

さて、「心の脳」の解説が長くなってしまいましたが、もう、おわかりでしょう。心の脳の働きは、喜怒哀楽という心の動きに関する働きだけではありません。説明してきたように、喜怒哀楽には生物としていちばん基本的な行動に結びつく、ものすごく重要な働きがあって、それを司るのが「心の脳」なのです。

子どもが小さなうちに、「心の脳」にしっかり働きかけるということは、健全な「心の脳」を育てることだと思います。脳は、しっかり使わないと（働かせないと）、うまく働くようにはなってくれません。読み聞かせで、「心の脳」に働きかけることは、こわい、悲しいがしっかりわかる、うれしい、楽しいがしっかりわかる子どもをつくるということなのです。それを、読み聞かせが担っています。

そうやって「心の脳」がしっかり、うまく働くようになれば、その子は、理性以前の行動がきちっとできるようになると思います。「心の脳」が健全に育たなければ、その上にいくらよい大脳新皮質ができても意味がありません。

読み聞かせが子どもの辺縁系に働きかける、これはとても重要なことです。「心の脳」を育てているからです。

そして、健全な「心の脳」の上にこそ、人間を人間たらしめる健全な新ほ乳類の脳が育っていくのです。

読み聞かせに大きな役割があることを、この研究結果が明確に示してくれました。

赤ちゃんも聞いている

言葉がまだわからないだろう、と思われる子どもが読み聞かせを楽しんでいる写真を見せて、よく質問されることがあります。

「言葉を理解できない乳幼児に読み聞かせをしても、すぐにあきるのでは？むだじゃないのですか？」

「そもそも、言葉自体を聞いているのですか？」

答えをさきにお教えしましょう。

乳児もしっかりと、お母さんの声を「聞いて」います。言葉の意味はたぶんわかっていないでしょうが、まちがいなく「聞いて」いるのです。

イタリアの脳科学者と株式会社日立製作所基礎研究所との共同研究で、生後五日目までの赤ちゃんの脳が母国語にどう反応するのかを、実験で確かめています。

カラー口絵の図6の下に二か所、線でデータを囲ったところがあります。左側では、赤い線が盛り上がっているのがわかります。これは、左の脳、ちょうど言語に関係した機能がある側頭連合野が活動していることを示しています。反対の右側でも、赤い線が少しだけ盛り上がっています。右の脳の同じ部分も

活動していますが、左ほどは強くありません。

これは前にお話しした、子どもがお母さんの読み聞かせを聞いているときの脳の活動と同じパターンです（図3下）。まさに、生まれたばかりの赤ちゃんでも、お母さんの声を聞いたときには、言葉が理解できる子どもと同じように、言葉を聞こうとして脳を働かせていることを示しています。

言葉の意味を理解しているかどうか、それはわかりません。しかし、生後間もない乳児も、大人と同じように言葉を聞こうとするように脳が働いていることは、事実なのです。

　カラー口絵の図7は、やはり生後五日目までの赤ちゃんに母国語で話しかけるとき、逆回しにして言葉の意味をわからなくしたとき、そして雑音を聞いているときの、側頭連合野の活動です。赤色や黄色が活動していることを示しています。

　どうですか。言葉のわかる子どもの脳の反応とまったく同じです（図3上・下）。逆回しにしても反応していますが、やはりちゃんとした言葉を聞いているときに、いちばん強く反応しています。きちんと、言葉を聞いているわけです。

　だから、よくいわれることですが、「子どもの背中からでもいい。声をかけてあげて」と。

「せっかく読み聞かせをしてやっても、子どもがちゃんと聞いてくれない」と、不満げにいう方がよくいらっしゃいますが、背中に向かって、読み聞かせをしてもよいのです。子どもは聞いている、それはまちがいありません。

堅苦しく考えずに、お母さんが声を出して、楽しみながら本を読んでください。子どもが目の前に座っていなくてもかまいません。声は届いています。それに、お母さんが読み聞かせをすれば、それはご自身の脳の健康にもいいのですから。

生まれたあとだけではありません。超音波でお母さんのおなかの中の赤ちゃんを見る技術が発達し、今では顔の表情まで、はっきりと見ることができます。お母さんの読み聞かせに反応して顔の表情を変えたり、いっしょに笑ったりする様子まで確認できるのです。

おなかにいるときから確実に言葉を聞いている。このメッセージも、みなさんにお伝えしておきましょう。

第4章

読み聞かせと親子の関係

今回の研究を通して私は、読み聞かせをたくさんしている何組もの親子に会うことができました（すばらしいことに、全国には「読み聞かせ五千回、一万回達成!!」という親子がたくさんいます）。そして、いつも思ったのが、読み聞かせをしている親子はまちがいなく、親子の絆がしっかりしているな、ということです。何気なく並んで立っている、その雰囲気だけでじゅうぶんに、それが伝わってくる。お互いが向き合って話を始めると、それが自然な感じで、ますますいい感じが伝わってきます。

規則正しい生活習慣の「源」

その話はまたあとでくわしくすることにして、そんなお母さんたちに「いつ、読み聞かせをしますか?」と聞くと、「夜、寝る前」という方がたくさんいらっしゃいます。「私もいっしょに寝てしまいます」、という答えもたくさんかえってきました。

そのときに思いました。「ということは、お子さんは早寝早起きなのでは?」実際にそうたずねてみると、「はい、そうです」という答えが多い。みなさんが、時間にきちっとした生活をされています。

読み聞かせの副次的な効果として、小さいときから、子どもに正しい生活のリズムをつくっていくことがあるように思います。読み聞かせで早く寝つかせる、その結果早起きになる。早寝早起きのきちんとしたリズムができあがってくる、ということなのです。

早寝早起きの効用

子どもの早寝早起きに関して、私の大学の同級生がくわしい研究をしています。神山《こうやま》潤という小児神経科の医師で、全国的に子どもの早寝早起き運動を展開しています。

彼は「今、子どもたちに精神面、行動面でいろいろな問題が起きている原因は、生活のリズム、早寝早起きの習慣が壊れているからだ」として、深夜にもかかわらず、街中で行動している幼児たちの写真を紹介しています。夜中の一二時過ぎに幼児が、コンビニのフードコーナーに独りで置いていかれたりする——こんな状態で、子どもはまともに育つはずがない、と思うのがふつうでしょう。それが、彼を研究へと向かわせる大きな原動力になっています。

二〇〇六年の日本小児神経学会で発表したのは、次のような内容でした。東京近郊に住む四歳から六歳の子どもを、規則正しい生活を送っているグループと、不規則な生活を送っているグループに分け、調べた結果です。

心理テストでは、やはり、後者の子どもたちに攻撃的行動が強い傾向が見られました。行動面に問題がある傾向も、後者に強いのです。原因は、睡眠習慣の乱れ、早寝早起きをしないことだろう、といいます。

神山先生は、早寝早起きをすれば、子どもたちを取り巻く問題の減少に絶対寄与すると、強く主張しています。

また、少し余談になりますが、早寝早起きをすると、子どもは絶対に朝ごはんを食べるようになります（と思います）。

侮るなかれ、朝ごはん！

じつは、朝ごはんを食べるのは、とても大切なことなのです。というのも、子どもたちの学力と強く関係しているからです。

平成一九年度に文部科学省が、全国学力・学習状況調査をおこないました。そのときの調査項目の一つに、「朝ごはんを食べているかどうか」があります。

小学生でも中学生でもそうなのですが、朝ごはんを食べている子どものほう

図16　全国学力・学習状況調査（文部科学省／平成19年度）

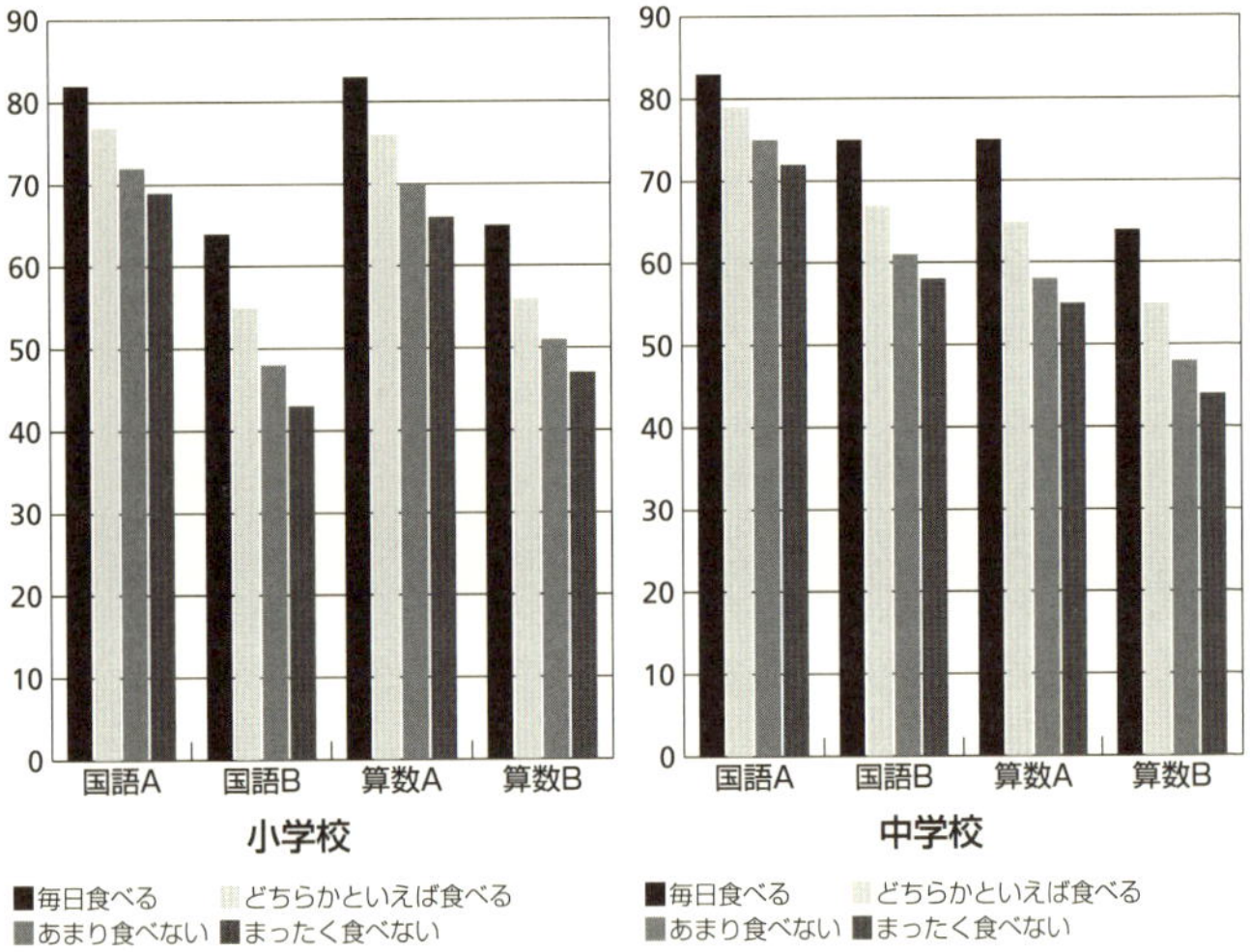

が必ず、テストの点数がよいという結果が出ました。

　上のグラフを見ると、棒グラフの左端、朝ごはんを食べる子どもと、右端のまったく食べない子どもとの差が歴然としています。

　子どもたちの成長や発達を長い目で見たときに、早い段階から規則正しい生活習慣をつくることが大切です。そのきっかけとして、読み聞かせはとても大きな役割を担っている、といえるでしょう。

お母さんが変わる、そして……

さて、読み聞かせをしている親子はまちがいなく、親子の絆がしっかりしていると感じ取れる、という話をしました。その原因を、ちょっと考えてみましょう。

読み聞かせについてお母さんやお父さんが情報交換をするインターネットサイトがあり、そこで調べてみると、

「育児が楽しくなって、以前よりおだやかな気持ちでいられます」
「心の安らぎが、子どもといっしょにもてるようになりました」
「ゆったりした気持ちで、子育てができるようになりました」

という書き込みが、たくさん見つかりました。

さらに、もっと直接的な「親子でのコミュニケーションが深まった」という書き込みも、たくさん見つかります。

以前より、子どもとゆったり過ごせる、親子のふれあいが親密になった——

まちがいなく読み聞かせの効用として、親子のコミュニケーションの深まりを実感されているのです。

子どもに目を向ける

さて、お母さんがいっぱい読み聞かせをすると、どうなるか。

まず第一に、読み聞かせを通して「子どもをよく見る」ようになります。

前にも書きましたが、読み聞かせでは相手の気持ちになって読んであげる、相手の「きゃっ」とか、「わっ」とかいう反応を楽しみながら読んであげるということを、自然にしています。つまり読み聞かせをすることで、ふだんより子どもによく目を向ける、よく反応を見るようになっている、というわけです。

よく見ると、何が起こるのか？　そう、子どものちょっとした変化にも気づくようになります。さきほどのインターネットのサイトに、やはり、「子どもの小さな変化に気づくようになった」、という書き込みを見つけることができます。

さらに、「子どもをよく見る」、「小さな変化に気がつく」ことで、「子どもをほめてあげられる」ようになる、ほめじょうずのお母さんになることができます。

さきほど、心の脳の話の中で、子どもに何かを前向きにやらせようとするなら、おおいにほめてあげてください、といいました。でも、じつは、ほめるというのも、そのタイミングがすごく難しい。いつもいつも、「あっそう、えらいわね～」では、たんなるおべんちゃらで、ほんとうにほめたことにはなりません。子どもも、すぐさま見抜きます。

子ども自身が、

「ちょっとだけれど、うまくいったんじゃないかな。ほめてもらえるかな」

と思ったとき、それがまさにほめてあげるタイミング。そんなときにほめてもらえると、ほんとうにうれしいと感じます。きっと、みなさん自身も経験があるでしょう。つまり、うまくほめるためには相手をよく見て、ほめるタイミングをつかまえることがとても大切です。

ですから読み聞かせをすることで子どもをよく観察するようになって、子どもの少しの変化に気がつくようになれば、じょうずに、タイミングよくほめてあげることができるようになるのです。もちろん、そうやってほめられた子どもがうれしいと思うのは、まちがいありません。

それから、子どもをよく見て、「あっ、この子、変わったなっ」、「あっ、こんなことができるのねっ」と気づいたとき、お母さんはもちろん「うれしく」なります。そのうれしい気持ちが、「ほかには、何かないかしら」と、ますます子どもをよく見るようにさせてくれ、そしてますますほめじょうずにしてくれるのです。

さらに一言。もっといいほめ方をしようと思ったら……、記録をつけると、よりいいです。

ほんの一行でもかまわないから記録を残し続けておくと、子どもの変化、成長する姿をよりはっきりと、とらえられるようになります。わが子を客観的に見ることができ、以前とはこんなにもちがっていると、その成長ぶりを楽しめる。読み返すことで、お母さんの「うれしい」も、もっとふえてきます。

ですから、読み聞かせと同時に、ぜひ一日一行、記録をつけていただきたいと思います。

親子の絆づくり――正のスパイラル――

読み聞かせをして、子どもをよく見るようになる。

すると、ここが変わったと気づく。その瞬間、じょうずにほめてあげることができるようになる。

もちろん、ほめてもらったら子どもはうれしい。

つまり、お母さんはちゃんと見ていてくれたんだと思うでしょう。

お母さんは、わが子はこんなこともできる、いつもはしかってばかりいるけれど、よく見ればすごい、とわかって、「うれしい!!」。

そして、もしかして、次はこんなことをしてあげたら、こう成長するかもしれないと考えるようになり、またさらに、子どもをよく見るようになる。子どもとのコミュニケーションが深まり、絆ができていくのです。

私はこれを、「読み聞かせの正のスパイラル」と名づけました。

スパイラルとは、らせん状の、あるいはうず巻き状の、という意味です。読み聞かせによるよい循環が、うずを巻くように次つぎと繰り返されて、よい方向に進んでいく、ということです。

子どもの変化に気づいて、どんどんほめてあげられるようになる——これは、読み聞かせがお母さんにもたらす、いちばん大きな変化なのではないでしょうか。と同時に、お母さん自身の喜びになり、さらに変化するきっかけになるのです。

タイミングよくほめられた子どもはうれしいし、「お母さんやお父さんは、こんなにも見てくれている」という思いがわいてきます。それが、さらなる子どもの変化へとつながっていく。そう思います。

そして、その繰り返しが親子のコミュニケーションを生み、やがて親子の固い絆へと結びついていくのです。読み聞かせをたくさんしている親子の、すごくよい関係は、きっとここから生まれるのです。

それから、もう一つ。お母さん、お母さんとばかり書いてきましたが、お母さんと子どもが楽しそうに読み聞かせをしていると、何が起こるか。お父さんが参加するようになってきます。

ほとんどのお父さんも、子育てに参加したいと思っているはずです。どこから入っていっていいのかよくわからない。でも、読み聞かせならできる、と思うお父さんは多いでしょう。

お母さんが忙しいときに、お父さんに「本を読んであげてね」と。その一言で、お父さんもよろこんで子育てに参加してくれるはずです。

「この本は、俺のほうが読むのがうまい」と言わせたら、しめたものです。

そのためには、読み聞かせでお母さんと子どもの楽しそうな様子を見せつけて、お父さんに「嫉妬」させるといいかもしれません。

お母さんも堅苦しく考えずに、自分がまず楽しまないと、いい読み聞かせはできません。

読み聞かせによって、親子でいることにほっとする、そういう安心感に満ちたご家庭がいっぱいになることを、切に願っています。

おわりに

順に発達する三つの脳

読み聞かせは、子どもの「心の脳」に働きかけるとともに、正のスパイラルを生み出すことによって親子の強い絆を形成していく。これが、脳科学者の私が研究をとおして導き出した、読み聞かせの正体といってもよいでしょう。

ここでもう一度、私たちの脳が三つの層でできていることを思い返してください。三つの脳は、生きていくために必要で、重要な部分から順に形づくられ、発達していきます。

いうまでもなく、心臓を動かしたり、呼吸したり、体温を維持したりするなど、生物としての自分自身を生かしていく「は虫類の脳」が、まず初めにできます。この部分がなくては、生きていくことさえできません。

その次に発達するのが、「旧ほ乳類の脳」といわれる、心の脳です。わが身を生かし続けていく、つまりたくましく生きていき、自身の生存確率を高めていくために働いている脳です。

「生き抜くため」という大きな目標があるから、心の脳がもたらす行動は、たいへん強い意欲をともなっています。

「いやな思いをしたから、もう絶対にしない」

「うれしかったから、またやってやる」

そういう行動です。

ほめられたことが心の脳に届いた子どもは、うれしいと感じて、いっそう前向きに行動するようになります。ほめられて、意欲がわいた子どもたちがどんどん成長していくのは、そういうわけです。

だから、乳幼児のときに心の脳が、お母さんからよい働きかけを受ける。そうすることで、子どもたちの情動が豊かになり、心身とも健全に育っていく。

それが、とても大切なのです。

そして、心の脳を支えにして、その上に「新ほ乳類の脳」といわれる大脳新皮質ができます。そこには三つの連合野があり、それで私たちは、人間らしい行動ができるのです。

音読と脳の働き

最新の脳科学の研究で、前頭連合野は大人になるまで時間をかけて発達する、ということがわかっています。言葉をかえると、子どもたちの前頭連合野は、まだまだ未発達の段階、といえるでしょう。心の脳の働きが中心なので、理屈抜きでそうしたいという行動が、子どもには多く見られるわけです。

しかし、こわい、悲しいがしっかりわかる、うれしい、楽しいがしっかりわかる、つまり心の脳が健康に育っていると、やがて前頭連合野の働きで理性がともなうような段階になったときに、心豊かな人間性が育まれていきます。


前頭連合野の働きは、とても重要です。だから、大人になるまでの間じゅう鍛え続け、どんどん発達させて、よりたくましく育てあげることの必要性には疑いありません。

この本では、前頭連合野の働きを調べた、川島先生の研究をいくつか紹介しました。

私たちの日常の行動の中で、前頭連合野を活性化させるものとして、一桁の足し算や引き算、そして音読が確認されています。

34ページの図を、もう一度見てください。画像では、灰色や黒色の部分で脳が活性化していることを示していますが、音読するという働きかけで、脳の大部分が活性化していることがわかります。前頭連合野も、すごく活性化しています。

脳も私たちの体の一部だから、活発に働かせるだけ、その機能が高まります。使えば使うだけ鍛えられ、発達させることができるのです。

前頭連合野を鍛える音読へ

成長期の子どもたちにとっての、計算や音読。

とみなさんは、何かに気づかれませんか。

「おやっ」

そうです。基礎的な学習の内容です。

乳幼児のころに、家庭や地域、幼稚園や保育園など、いろいろな場で、子どもたちはたくさんの読み聞かせを楽しむ。そして小学校にあがり、文字を学ぶと、教科書や本を自分で音読するようになる。

どうでしょう。脳の成長、そして健全な脳の発達に必要な働きかけと、みごとに一致しています。

読み聞かせで健全な心の脳を育む。やがて、それを支えにした上に、新しいほ乳類の脳が育ち、発達していく。なかでも、大切な前頭連合野を鍛える際に効果的なことの一つが音読である、ということを脳科学の研究がはっきりと示しています。

読み聞かせの大きな力

本の初めに、言霊という言葉を紹介しました。私が大好きな言葉の一つです。言葉には、口に出すとそれが実現するというように、ものすごい力があるのだと、古来より考えられていました。

今回、読み聞かせに脳科学から迫った私は、言霊の意味を、あらためて実感しました。読み聞かせや、それに続く音読が、脳の健全な発達に大きく関わっていることが明らかになったからです。

「言霊の幸はふ国と　語り継ぎ　言ひ継がひけり」

山上憶良のこの歌は、言葉の力はすごい、その力によってこの日本はどんどん幸せになっていく、といっています。

私は、読み聞かせもまさに同じだ、と思います。

お母さんの言葉によって、子どもに笑顔が生まれる。それを目にしたお母さんにも笑顔が生まれる。

さらに、コミュニケーションが深まる。

それとともに、子どもをよく見るようになる。子どものわずかな変化や成長にも気づき、ほめる。

ほめられた子どもはうれしくて、さらに前向きになる。

こういう正のスパイラルが、やがて家族の固い絆をつくっていく。

なんとおおげさな、と思われるかもしれませんが、読み聞かせによって家族に幸せがもたらされるのです。

もっといわせていただきましょう。

たくさんの家族の幸せが社会全体を幸せにし、日本に平和がもたらされ、平和な世界へとつながる——読み聞かせには、そんな力があるのです。

だからといって、「読み聞かせをしなきゃ」と、義務のようにとらえる必要はありません。

もちろん、「脳を育て、鍛えるために」などと意識する必要もありません。

何より大切なのは、親子でいっしょに読み聞かせを楽しむことです。

▶おわりに

「読み聞かせ」に関するQ＆A

【読み聞かせの方法】

Q1　よりよい読み聞かせの長さとかはあるのでしょうか？

A　読み聞かせを毎日、何分すると決めてしまえば、「やらなきゃ」と苦痛になるのではないでしょうか。お母さんが苦痛を感じてはいけません。まずは、お母さんが読み聞かせを楽しまないと。それには、「何分」と堅苦しく考えないことです。それに、子どもはたいてい、「もう一回。もう一回」とか、「これ読んで。次はこれ」と言ってきますから、それに付き合ったりしていると「一日何分」なんて、気にしておれません。

少しの時間でも、読み聞かせで子どもと時間が共有できるんだ、という気持ちでいるのがいちばんだと思います。

Q2 読み聞かせをしていると、子どもが勝手にページをめくったり、本を取り替えたりします。そんなときに、よい対応の仕方はありますか？

A

これも堅苦しく考えなくていいのでは。初めから読まなきゃいけない、最後まで全部読み切らなきゃいけないなんていうルールもないし、そうする必要もありません。子どものペースに合わせて、読んであげればいいでしょう。

そのときに、「途中なのに、まったく」とか「また、こんな本を持ってきて」

などと思わないことです。ともかく、本を通して子どもと接している、それを楽しもうという、お母さん（読み手）の気持ちが大切なのです。

Q3 一日の中で、読み聞かせに適した時間があるのでしょうか？

A

これも特に、この時間でなきゃだめということはありません。ただし、お母さんは日中、ものすごく忙しいですよね。たぶんそのせいでしょう、読み聞かせをされるのは、比較的ゆっくりできる寝る前の時間が多いのではないでしょうか。

また寝る前だと、興奮して子どもが寝付かなくなる、と心配される方もおられます。切りがなくなるようなら、時間を決めて、区切りを付けてよいと思います。これも堅苦しく考えずにいきましょう。

忙しい日中、いつでもお母さん（読み手）の時間があるときに読んであげればよいでしょう。そのときに、子どもが聞いてなくてもかまいません。背中に向かって読んであげればじゅうぶんです。でもそんなときも、お母さんが楽しむことは忘れないでください。

Q4 読み聞かせは、読み手が感情をこめてもよいのでしょうか？

A

聞いている子どもたち自身からわき起こる感情を大切にするためには、読み手はあまり気持ちをこめずに読むほうがよい、という意見もあるようです。私は経験上、感情をこめたほうがよいと思います。

子どもが笑ったり、驚いたりする様子を見るのは楽しいものです。ちょっとこわがらせてやろう、思い切り笑わせてやろうなどと、こちらの読み方一つで変化する子どもの反応を楽しむということも、読み聞かせを続ける〝こつ〟なのです。

それから、子どもが笑ったり、驚いたりする様子を見る、子どもの反応を楽しむというのは、相手をよく観察することにつながります。そうです、「正のスパイラル」（71ページ）の第一歩です。

Q5

読み聞かせで子どもが文字に興味を示したときには、どう対応すればよいでしょう？

A

文字に興味を示したからといって、読み聞かせをしながら「あ」はこう、「い」はこうと、無理やり覚えさせる必要はないと思います。読み聞かせを通して、親子でいっしょに本を開く時間を共有していると、自然と覚えていくものではないでしょうか。

文字を追い始めると、絵からイメージをふくらませなくなるのでは、と心配される方もおられますが、そんなことはないでしょう。絵を見ることも大切だし、そのうえで文字も次第に覚えてくれたら、こんなにいいことはないです。

【本の種類】

Q6　読み聞かせする本の種類によって、脳への働きかけにちがいがあるのでしょうか？

A　本の種類による効果のちがいについては興味深いのですが、残念ながらまだ研究はおこなっていません。しかし、読み聞かせが子どもの心の脳に働きかけるということは紹介してきたとおりですから、本の種類を気にすることなく、子どもが好きな本を読んであげればよいと思います。

男の子と女の子で、どういう本が好きなのかにずいぶんちがいがあることを、みなさんも経験されているのではないでしょうか。それはごく自然なことで、将来、男の子は男性としての役割を果たしていく、女の子は女性としての役割を果たしていく、その芽生えなのです。

Q7 いつも車の図鑑を持ってくるのですが、それでも読み聞かせになるのでしょうか？

A

もちろん、図鑑でも読み聞かせだと思います。小さい子どもには絵本のストーリーが難しいこともありますから、車の名前を読んでいくのもよいでしょう。お母さん（読み手）が「この前、見たね」とか「何を運んでいるのかな」と、話を作ってあげればすてきな読み聞かせになります。

お母さん（読み手）が楽しそうに読んであげれば、子どもの本に対する興味が強くなるし、年齢が上がれば好きな本もどんどん変わっていくものです。

Q8

【年齢が高くなった子どもへの読み聞かせ】

高学年にもなると、本を読まなくなります。もう、本好きにはならないでしょうか？

A

小学校でも学年が上になると、勉強やクラブ活動などで忙しくなります。子どもなりの生活時間の中で、優先順位をつけると読書が下位になることもあるでしょう。

でも読み聞かせをたくさん受けた経験があって、本にふれる習慣がついている子どもなら、時間にゆとりが出てきさえすれば、また本に戻ってくると思います。

Q9 読み聞かせは、いつまでやればよいのでしょうか?

A

これも、明確にお答えすることはできません。フィンランドでは、一三歳まで読み聞かせを続けましょうという運動をやっています。子どもが大きくなるまで読み聞かせをすることがじつは大切なんだ、といっているように思います。

学校などでボランティアとして読み聞かせをされている方の話を聞いたことがあります。「高学年のクラスでするとき、最初は聞いてくれるのかなという戸惑いがあったけれど、やってみるとみんなしんけんに聞いてくれた」とおっしゃる場合がほとんどです。なかなか家庭では難しいかもしれませんが、少なくとも子どもは大きくなっても、読み聞かせに対する窓はもっている、ということではないでしょうか。

Q10 年齢の高い子どもへの読み聞かせに、何か方法はありますか？

A

当然ですが、年齢が高くなるにつれて、乳幼児期の読み聞かせとは形がちがってきます。子どもが興味のある本を、親（読み手）といっしょになって考えながら読む、つまり、子ども主体の読み聞かせになっていくといえるでしょう。子どもが、「もう一人で読みたい」と言えば、無理に続けることなく、それでやめてよいと思います。

あとがき

　この本の冒頭に、読み聞かせをしている、されている親子が写った三枚の写真があります。いつも講演で使っている写真です。「読み聞かせはいいよ〜」と百万遍語るより、この写真を見せたほうがはるかに効果があると思っています。子どもの笑顔、お母さんの笑顔は、読み聞かせが、家族の幸せ、社会の幸せ、そして、日本の幸せをもたらしてくれることを確信させてくれます。

　この本ができるにあたっては、本当にたくさんの方にお礼をいわなくてはいけません。日本公文教育研究会が推進する「こそだて　ちえぶくろ活動」の中で、また、読み聞かせ一万回、五千回を達成して、すばらしい笑顔を見せてくれた全国の親子に。そして、そんな家族に会わせてくれた、公文式教室の先生方、事務局の方に。この研究に参加してくださった〝光トポレンジャー〟の親子に。この研究を支えてくれた子育て支援センターのみなさん、研究グループのメンバーに。編集の谷さんと原さんに。

二〇〇九年六月　　泰羅雅登

本書は、「脳科学と発達心理学から子育てを科学する」共同研究班が2006年3月より開始し、現在も継続中の『「読み聞かせ」および「子育て」の科学的研究』の成果を紹介しています。

・メンバー ：東京医科歯科大学大学院教授　泰羅雅登
白百合女子大学教授　田島信元
株式会社　日本公文教育研究会
株式会社　くもん出版

第4章の67ページで「読み聞かせについての情報交換をするインターネットサイト」と記載のサイトにご関心のある方は、下記をご覧ください。

「mi:te〔ミーテ〕」　http://mi-te.jp/
絵本の読み聞かせを通して子育てを応援するWebコミュニティサイト

著者
泰羅雅登（たいら　まさと）
1954年三重県生まれ。東京医科歯科大学卒業。同大学大学院歯学研究科博士課程修了。東京医科歯科大学大学院教授などをつとめ、認知神経科学の研究に取り組む。共著書に『脳をパワーアップしたい大人のための「脳のなんでも小事典」』（技術評論社）、『記憶がなくなるまで飲んでも、なぜ家にたどり着けるのか?』（ダイヤモンド社）など。2017年逝去。

CD34188

写　真　　公文教育研究会
協　力　　(株)ERF
装丁・デザイン・資料画　　中村デザイン

読み聞かせは心の脳に届く
「ダメ」がわかって、やる気になる子に育てよう

2009年 7月 5日　初版第1刷発行
2022年 9月11日　初版第7刷発行

著　者　**泰羅雅登**
発行人　**志村直人**
発行所　**株式会社くもん出版**
〒141-8488　東京都品川区東五反田2-10-2 東五反田スクエア11F
電話　03-6836-0301（代表）
　　　03-6836-0317（編集直通）
　　　03-6836-0305（営業直通）
ホームページアドレス　https://www.kumonshuppan.com/
印　刷　**精興社**

NDC379・くもん出版・96P・19cm・2009年・ISBN978-4-7743-1645-1